Checker TOBI

Der große GEFÜHLE-Check

FREUDE, WUT, TRAURIGKEIT:

Das check ich für euch!

Text von Gregor Eisenbeiß

cbj

Checker Tobi – Der große GEFÜHLE-Check

HEY LEUTE!

In mir drin geht's grade tierisch ab! – Der Grund?
Mich gibt es jetzt auch als Buch!

Deswegen freue ich mich total!

Ich freu mich so doll, dass ich in die Luft springen könnte. Gleichzeitig bin ich aber auch total erledigt, weil die Arbeit daran so anstrengend war. Und ich bin total aufgeregt, ob es euch gefällt. Ein bisschen Angst spüre ich natürlich auch, ob ihr es vielleicht doof findet. Und davon abgesehen, hab ich tierisch Hunger!

Ihr merkt also: Bei mir herrscht momentan ein ziemliches Chaos. Und damit sind wir auch schon mittendrin im Thema dieses Buches: Gefühle und Emotionen. Wenn du ein Tor schießt, freust du dich: ein Gefühl. Wenn du Schiss vor dem dunklen Keller hast: auch ein Gefühl. Wenn du die Nase rümpfst, weil dein Papa wieder gefurzt hat – du ahnst es: auch ein Gefühl. Gefühle und Emotionen sind überall. Sie begleiten uns unser ganzes Leben.

Jeder kennt Gefühle und jeder hat sie. Du, ich, deine Oma, wir alle.
Höchste Zeit also, etwas darüber zu erfahren: was Gefühle überhaupt sind, wofür es sie gibt, warum sie so wichtig sind oder wie man mit ihnen umgeht. Natürlich habe ich dafür auch wie immer ganz viele Experten befragt, die mir alles genau erklärt haben.
Und diesmal hab ich sogar noch ein echtes Multitalent mit an Bord.

Darf ich vorstellen: ROBERTA!

Sie ist mein neuer mega-moderner
ULTRA-HYPER-SUPER-ROBOTER,
der dir auch die kompliziertesten Begriffe erklären kann.
Ihr könnt gespannt sein, was Robertas künstliche Intelligenz so alles zu unserem Thema beitragen wird.

Also, seid ihr bereit? Habt ihr Bock?
Ich hab jedenfalls Megabock!
Daher würde ich mal sagen:

Los geht's !

WORUM GEHT'S ÜBERHAUPT?

Wenn wir morgens müde aufwachen und erst einmal herzhaft gähnen, bis zu dem Moment, wenn wir nachts wieder aufstehen, weil wir aufs Klo müssen: Wir alle haben den ganzen Tag Gefühle.

Und obwohl das so ist, ist es für uns gar nicht so einfach, Gefühle zu beschreiben. Glaubst du nicht? Dann beschreib mir doch mal das Gefühl, wenn du dein Haustier streichelst. Oder dich deine Freunde nicht mitspielen lassen. Oder wie es sich anfühlt, wenn du dich auf Heiligabend freust. Nicht einfach, oder? Es ist sogar sauschwer. Kein Wunder, dass es in der deutschen Sprache so viele Begriffe dafür gibt: Gefühle lassen uns Tränen lachen und Tränen weinen. Wegen ihnen lieben wir, schreien wütend, zittern vor Angst und jubeln vor Begeisterung. Sie erfüllen uns mit Zuversicht oder sorgen für eine Überraschung.
Aber was genau sind denn jetzt Gefühle? Und wieso sagt man manchmal auch Emotionen dazu?

Checker FRAGE

Wodurch unterscheiden sich Emotionen und Gefühle?

Wirklich alles, was wir tun und lassen, wird durch unsere Emotionen beeinflusst. Meistens ist uns das aber gar nicht bewusst. Denn Emotionen laufen total automatisch ab und wir können sie auch nicht steuern.

Das Wort „Emotion“ kommt vom Lateinischen „emovere“ und heißt „herausbewegen“. Es ist also etwas in unserem Inneren, was rauswill. Das passiert immer dann, wenn wir einen Reiz empfangen: zum Beispiel etwas hören, sehen oder schmecken. Diese Info wandert dann direkt zu unserem Gehirn ins limbische System, das Zuhause der Emotionen.

Das limbische System wandelt blitzschnell den Reiz in eine Emotion um und kurbelt die passende Reaktion an. Wenn dir also ein wilder Bär über den Weg läuft, entscheidet es sofort: Gefahr! Also sorgt das limbische System in Millisekunden dafür, dass dein Körper in Alarmbereitschaft versetzt wird. Und zwar, noch bevor dir bewusst ist, dass du Angst hast!

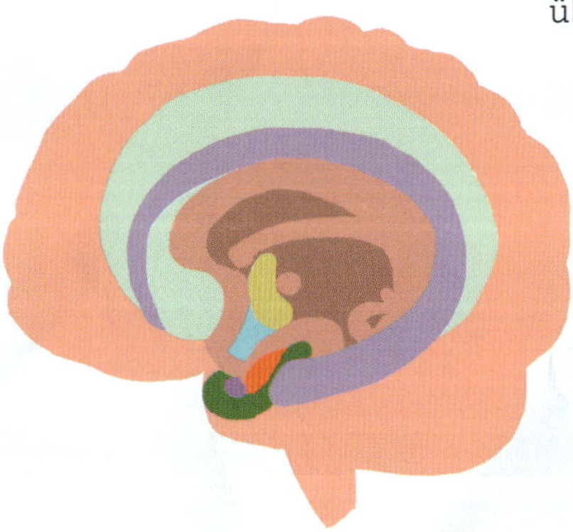

Bewusst wird dir erst, dass es keine coole Sache ist, einem Bären gegenüberzustehen, wenn ein anderer Teil im Gehirn dazugeschaltet wird: **die Hirnrinde**. Dieser Teil des Gehirns ist auch für deine Erinnerungen zuständig und **wandelt den emotionalen Reiz des limbischen Systems in ein bewusstes Gefühl um.**

In unserem Fall: Du hast tierisch Schiss!

Im Gegensatz zu Emotionen können wir Gefühle beeinflussen, wenn wir auf sie achten. Du kannst es dir ein bisschen vorstellen wie beim Gehen: Wenn du es dir bewusst vornimmst, kannst du losrennen, doch meistens gehst du ganz automatisch, ohne darüber nachzudenken.

Emotionen und Gefühle sind also nicht genau dasselbe, dennoch sind sie untrennbar miteinander verbunden. Und deswegen sagen die Leute im Alltag mal das eine, mal das andere – meinen aber meist dasselbe.

Emotionen lösen aber nicht nur ein Gefühl, sondern immer auch eine körperliche Reaktion in uns aus.

Dagegen können wir nichts machen. Und je stärker die Emotionen sind, desto doller reagieren wir. Wir können lächeln oder lachen. Wir können sogar so sehr lachen, dass uns die Tränen kommen. Besonders gut kannst du das im Gesicht erkennen.

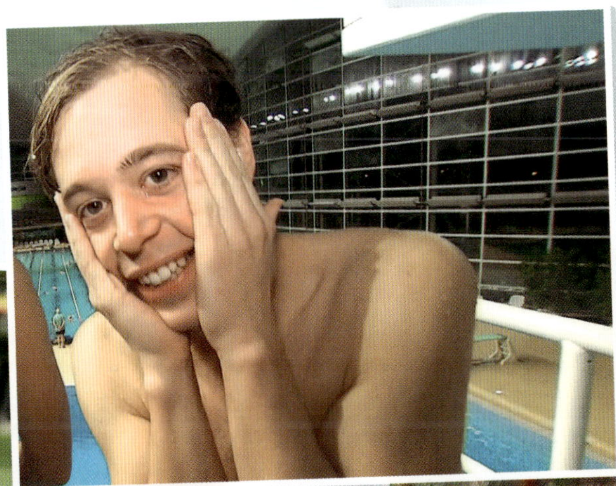

Wir machen Gefühle damit also auch für andere sichtbar. Wenn ein anderer Mensch Gefühle zeigt und wir das mitbekommen, können wir entsprechend reagieren. Das nennt man **Empathie**. Das heißt, wir können uns vorstellen, wie es in ihm aussieht, und sogar ein wenig **mitfühlen**, weil wir uns an Situationen erinnern, in denen es uns genauso ging.

Wenn jemand weint, weil er traurig ist, wissen wir, wie sich das anfühlt und was ihm hilft: Wir können ihn trösten.

Leider erkennen wir diese Gefühlsregungen meist nur, wenn sie stark ausgeprägt sind. Wenn jemand nicht weint und vielleicht nur still dasitzt, ist es für uns viel schwieriger zu erkennen, dass da jemand Trost benötigt. **Oft wissen wir noch nicht einmal selbst, warum wir gerade so drauf sind, wie wir drauf sind.**

Deswegen ist es so wichtig, ab und zu in sich hineinzuhören und anderen zu sagen, wie es uns geht. **Wenn wir über unsere Gefühle sprechen, können wir uns und anderen helfen, passend damit umzugehen.**

Emotionen und Gefühle hat also jeder Mensch. Sie bestimmen unser Verhalten und wie es uns geht. Das ist ja auch in Ordnung, solange es uns gut geht. Andererseits machen Gefühle uns aber scheinbar auch das Leben schwer. **Niemand ist gerne traurig, findet Angst toll, und die wenigsten schätzen Schmerz.**

Da fragt man sich doch: Was soll das? Wieso macht der Körper das überhaupt? Wäre doch viel cooler, wenn wir alle immer gut drauf wären. Oder?

Das check ich für euch!

Schon Babys haben Gefühle und können sie ausdrücken. Anfangs vor allem durch Lachen, Weinen oder Schreien. Dabei vermischt ein Baby auch noch eigene Gefühle mit denen von anderen. Wenn du lachst, lacht es auch. Wenn du wütend bist und laut wirst, kann es sein, dass es auch losschreit.

Checker FRAGE?

Wieso sind alle Gefühle so wichtig?

Erst ab dem vierten Lebensjahr beginnt ein Kind, zwischen den eigenen Gefühlen und denen anderer Menschen zu unterscheiden. Es lernt, bei anderen unterschiedliche Gefühlsausdrücke wahrzunehmen, und ist so immer besser in der Lage, sich in andere hineinzuversetzen. Auch in sich selbst. Anfangs braucht ein Baby noch die Eltern, um sich nach einem schlechten Traum zu beruhigen. Dann reicht ein Kuscheltier als Trostspender und irgendwann kann das Kind es dann ganz alleine.

WAS SIND HORMONE?

Gefühle werden von verschiedenen Hormonen gesteuert. Das sind Botenstoffe, die der menschliche Körper selbst produziert. Für jedes Gefühl schickt das Gehirn bestimmte Hormone über das Blut an die richtige Stelle des Körpers. Dort lösen sie dann die passende Reaktion aus.

Ungefähr alle zwei Jahre machen wir einen wichtigen Schritt in unserer emotionalen Entwicklung. Dabei sind zwar die ersten sechs Lebensjahre die wichtigsten, aber erst **in der Pubertät, mit ungefähr 14, ist die größte Gefühlslernphase abgeschlossen.**

Dennoch ist sie nie vorbei, sondern wird mit jeder Erfahrung, die wir machen, ein bisschen verfeinert. Nichts, was wir erleben, bleibt ohne Wirkung. Alles, was wir lernen, wird im Gehirn mit dem entsprechenden Gefühl verknüpft, das wir in dieser Situation empfunden haben: Das Mango-Eis war lecker, gerne wieder. Knie aufschlagen? Uncool. In Zukunft lieber vermeiden.

FRAGE gecheckt!

Dank unserer Emotionen lernen wir Menschen also.

Sie sind eine Art Bewertungssystem, das mehr oder weniger gut ausgestattet sein kann. Sie helfen uns zu entscheiden, was gut und wichtig für uns ist. Jede Emotion, egal ob Freude, Wut oder Angst, ist dabei wichtig.

Wenn zum Beispiel unsere Vorfahren jedes Mal aufs Neue arglos auf einen Säbelzahntiger zugelaufen wären, wäre die Menschheit längst ausgestorben.

Gefühle sind also wichtige Entscheidungsträger. Ohne sie geht nix. Lange Zeit glaubte man übrigens was ganz anderes. Die Menschen dachten, dass Gefühle für Entscheidungen eher hinderlich wären. Erst Mitte des 20. Jahrhunderts kamen Wissenschaftler darauf, dass Gefühle bei Entscheidungen sogar die wichtigste Rolle spielen.

Auch der **Psychologe Paul Ekman** hat jahrelang zum Thema Emotionen geforscht und dabei vor allem eines gemacht: sich Gesichter angeschaut. Unzählige. Überall auf der Welt. Dabei hat er herausgefunden, dass alle Menschen die gleiche emotionale Grundausstattung haben. Er nannte das **Basisemotionen**.

Diese Basisemotionen und den dazugehörigen Gesichtsausdruck haben alle Menschen und sie werden von allen weltweit sofort verstanden.

ÜBERRASCHUNG!

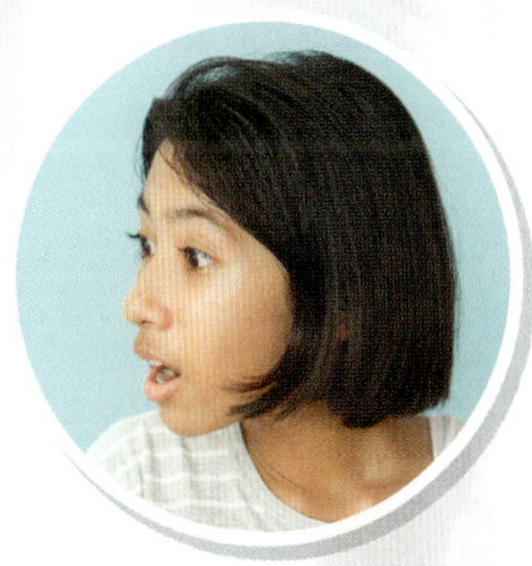

Unterschiede gibt es aber natürlich trotzdem, nämlich wie stark sich diese Gefühle äußern und vor allem, wodurch sie hervorgerufen werden. Und das sorgt nicht selten für Missverständnisse. Zum Beispiel ist es in Asien völlig normal, Insekten zu essen. In Europa hingegen findet man diese Vorstellung eher eklig.

Und während es in der westlichen Welt okay ist, seinem berechtigten Ärger auch mal Luft zu machen, erntest du in Japan eher Unverständnis für deinen Wutschrei.

Selbst innerhalb derselben Kultur gibt es große Unterschiede: Wenn deine Eltern Angst vor Spinnen haben, ist die Chance groß, dass du auch Angst vor Spinnen hast. Du hast von deinen Eltern eben einfach gelernt, dass man kreischt, wenn man eine große schwarze, fette Spinne auf der Kellertreppe sieht. Das heißt aber noch lange nicht, dass dein Nachbar oder deine Freunde auch Angst vor Spinnen haben. Manche halten Spinnen sogar als Haustier.

Es ist ein bisschen wie bei Lego: Alle Menschen starten mit denselben Steinen. Was sie aber daraus machen und welche Steine im Verlauf ihres Lebens noch dazukommen, ist so unterschiedlich, wie wir Menschen nun einmal sind.

Sogar über die genaue Anzahl der Bausteine, also der Basisemotionen, mit denen wir starten, sind sich Forscher nicht ganz einig. Manche sagen sechs, manche sieben und andere wiederum glauben inzwischen, dass es sogar 27 sind. Aber auf die folgenden können sich auf jeden Fall alle einigen:

Wut, Ekel, Freude, Traurigkeit, Angst und Überraschung.
Und die wollen wir uns jetzt näher anschauen.

GEHIRN-LABYRINTH

Der kleine Reiz muss dringend ins limbische System!

Hilfst du ihm, den Weg zu finden?

Die erste Basisemotion, die ich euch vorstellen will, hat gleich ordentlich was zu bieten:

WUT

Wenn du richtig wütend bist, fühlt sich das an wie ein Erdbeben. Deine Hände zittern, du schreist, vielleicht wirst du sogar rot. Wut ist ein sehr starkes Gefühl. Wenn man wütend ist, bekommt man ungeheure Energie – und die muss irgendwohin.

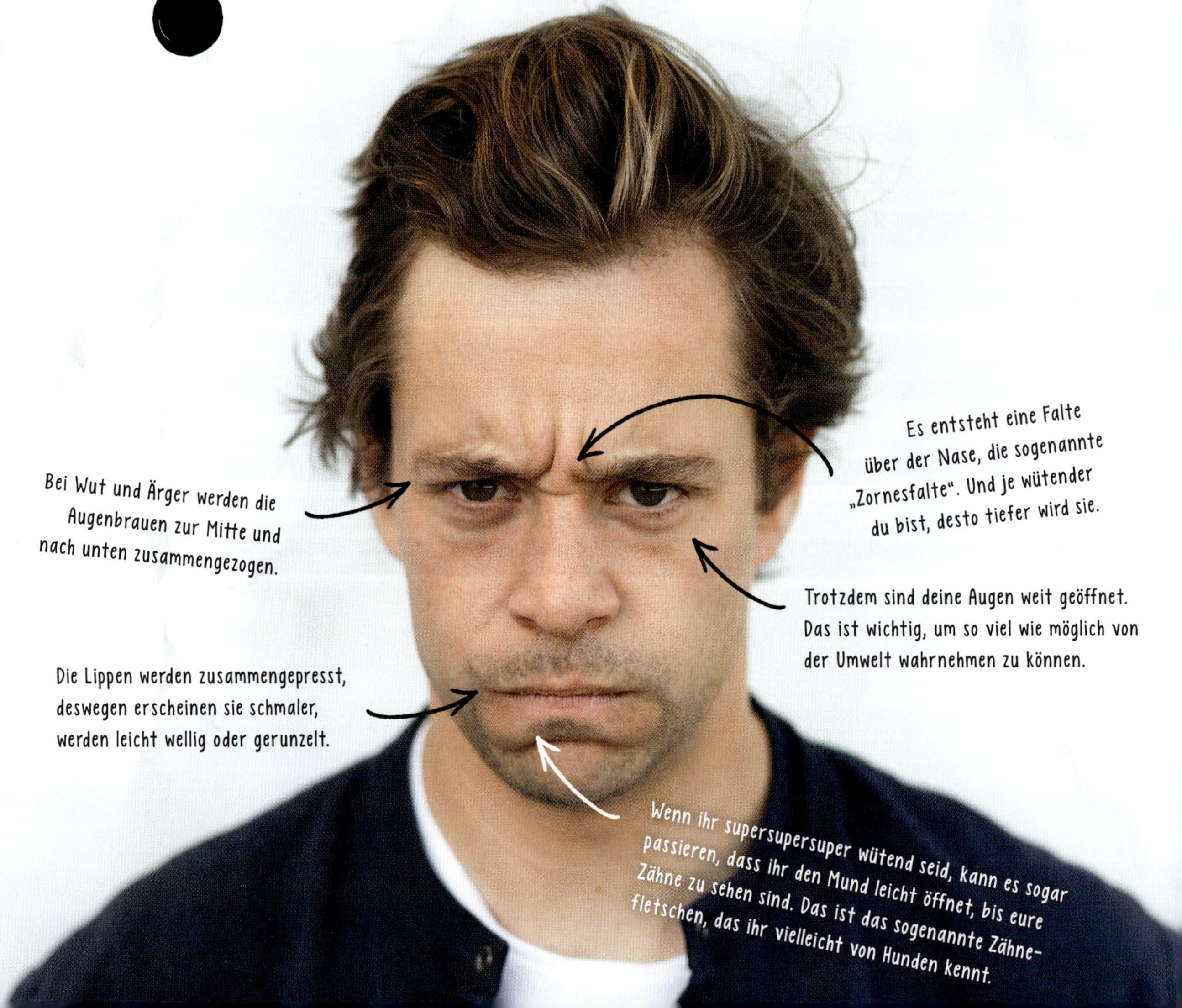

Was passiert dabei im Körper?

Es ist also einiges los im Gesicht – genauso sieht's in uns drinnen aus: Es herrscht tierischer Alarm.

Die Hormone **Adrenalin, Noradrenalin und Cortisol** werden ausgeschüttet und sorgen für reichlich Stress. **Dein Herz schlägt schneller und dein Blutdruck steigt.**

CORTISOL …
schützt vor negativen Folgen von starkem Stress und hilft bei Entzündungen. Der Körper produziert vor allem am Morgen größere Mengen davon. Das sorgt für einen Anstieg des Blutzuckerspiegels, damit bei Stress schnell Energie bereitgestellt werden kann.

Dein Körper ist in Alarmbereitschaft und sagt dir und allen anderen: **VORSICHT! Ich bin stark!** Ich bin gefährlich! Und ich verteidige mich! Die Wut schützt uns also, und es ist völlig normal, dass wir ab und zu wütend sind.

Wut ist eine der ersten Emotionen, die ein Baby ausdrücken kann. Es schreit oder strampelt, wenn ihm etwas nicht passt. In der Kita oder dem Kindergarten haut ein Kleinkind dann gerne mal, wenn es wütend ist. Der andere hat den Turm umgestoßen? Schon gibt's einen Bauklotz an den Kopf.

Je älter aber ein Kind wird, desto besser gelingt es ihm, mit der Wut umzugehen. Es kann dann die Wut mit Worten beschreiben und sogar nachdenken, obwohl es wütend ist.

Doch natürlich klappt das nicht immer. Bei Kindern nicht – und bei Erwachsenen auch nicht. Ich kann zum Beispiel ziemlich pampig werden, wenn ich was sagen will und der andere lässt mich nicht ausreden. Bei manchen Menschen geht die Wut aber sogar so weit, dass sie richtig ausrasten. Also herumbrüllen und Sachen kaputt hauen. Sie sehen dann sprichwörtlich rot.

Aber wieso eigentlich rot? Wieso sehen wir, wenn wir total wütend sind, nicht grün, blau oder gelb?

Das check ich für euch!

Checker FRAGE?

Wieso „sehen wir rot“, wenn wir sehr wütend sind?

In der Psychologie gilt die Farbe Rot als aktiv und warnend. Es ist eine **Signalfarbe**, sie fällt uns also auf. Nicht umsonst sind Ampeln rot oder wichtige Verkehrsschilder, die uns vor Unfällen im Straßenverkehr schützen sollen.

Auch viele Pflanzen, die giftig für uns sind, leuchten in knalligem Rot und signalisieren uns: nicht essen! Tomaten gehören übrigens nicht dazu, die sind gesund. Das könnt ihr das nächste Mal beim Mittagessen also nicht anführen, wenn ihr keine essen wollt.

SIGNALFARBE!

FRAGE gecheckt!

Wissenschaftliche Versuche haben zudem gezeigt, dass wir auf rotes Licht mit **erhöhter Atemfrequenz und schnellerem Herzschlag** reagieren. **Also dieselbe körperliche Reaktion, die wir bei Gefahr und Wut zeigen.**

Der Ausdruck „rot sehen“ kommt ursprünglich aus dem Stierkampf. Lange hat man gedacht, dass der Stier erst durch das rote Tuch so richtig wütend wird. Inzwischen weiß man jedoch, dass der Stier farbenblind ist und nur auf die Bewegung des Tuchs reagiert.

Auch im Fußballstadion lässt sich das gut beobachten. Der Schiedsrichter hat während eines Fußballspiels einen äußerst undankbaren Job: Egal, wie er pfeift – irgendjemand ist immer wütend oder fühlt sich ungerecht behandelt. Trotzdem muss er cool bleiben und richtig mit der Wut eines Spielers umgehen: ruhig bleiben und ihm freundlich, aber bestimmt seine Entscheidung erklären. Und falls das nicht hilft und der Spieler sich gar nicht beruhigen kann oder ihn vielleicht sogar wüst beleidigt? Dann zeigt ihm der Schiri eine Karte – natürlich in der Farbe Rot: Platzverweis.

Und was macht uns Menschen außerhalb von Spielfeld und Fußballstadion wütend?

Das check ich für euch!

Checker FRAGE

Woher kommt die Wut?

Wütend zu sein, hat viele Ursachen. Zum Beispiel, wenn du dich über längere Zeit über jemanden sehr ärgerst, eifersüchtig oder neidisch auf ihn bist. Du willst das, was er hat, und bekommst es nicht – und das macht dich wütend. Oder wenn deine Eltern dich verdächtigen, etwas getan zu haben, was in Wirklichkeit jemand anders war. Dann fühlst du dich ungerecht behandelt und wirst wütend. **Und je öfter du wegen derselben Sache wütend wirst, desto schneller passiert das auch.**

Am besten funktioniert das übrigens ausgerechnet mit den Menschen, die wir lieben und mit denen wir am meisten vertraut sind. Also zum Beispiel deinen Eltern oder Geschwistern. Die Armen müssen die größten Wutanfälle aushalten. Andererseits sind sie natürlich auch manchmal die Ursache dafür ...

Es muss aber nicht nur mit anderen zu tun haben, wenn du wütend wirst. **Manchmal ärgerst du auch dich auch über dich selbst.** Wenn du wieder mal 'ne schlechte Note geschrieben hast, obwohl du so viel gelernt hast. Oder weil du gerade die dicke Chance im Spiel versemmelt hast, obwohl du dir so sicher warst, das Tor zu treffen. Dann ärgerst du dich natürlich.

Wut steigt immer dann in uns auf, wenn wir uns macht- oder hilflos fühlen.

FRAGE gecheckt!

Immer, wenn dein Körper spürt, dass etwas für ihn grundlegend nicht stimmt, aber die Situation scheinbar nicht verändert werden kann: Dann wirst du wütend und explodierst. Und das ist grundsätzlich auch total wichtig. **Denn das ist für uns Menschen notwendig, um uns und unsere Bedürfnisse schützen zu können.**

Wer allerdings einfach nur wütend herumbrüllt, der verändert meist gar nichts.

Habt ihr bestimmt auch schon gemerkt: Egal, wie sehr ihr euch dagegen gewehrt und geschrien habt, ihr musstet trotzdem ins Bett oder euer Zimmer aufräumen. Kaum ein Wutausbruch führt dazu, dass der andere sein Verhalten ändert oder die Situation, die uns wütend macht, sich irgendwie verbessert. Und je häufiger man in Rage gerät, desto wirkungsloser sind die Wutausbrüche: Wer bei dem kleinsten Anlass tobt, wird irgendwann nicht mehr ernst genommen.

Gleichzeitig ist es auch keine Lösung, seine Wut immer zu unterdrücken, denn dadurch geht sie nicht weg. Im Gegenteil: Sie sammelt sich tief in dir und irgendwann gehst du ab wie eine Rakete.

Was also tun?

TOBIS GOLDENE REGELN GEGEN WUT

1. **Es ist okay, ab und zu wütend zu sein!** Das ist völlig normal. Unterdrücke die Wut nicht. Höre stattdessen in dich rein und versuche der Wut zuzuhören. Irgendwas will sie dir sagen.

2. **Atme tief durch und zähle bis zehn,** wenn du spürst, dass es in dir brodelt. Das beruhigt dich oft etwas und du kannst den Wutanfall abwenden.

3. **Überlege dir vorher, wie du deine Wut loswerden kannst,** wenn es so weit ist. Manchen hilft es, ins Zimmer zu rennen und mit der Tür zu knallen. Andere schreien und boxen in ein Kissen. Manchen hilft es auch, sehr laut Musik zu hören. Aber bitte mit Kopfhörern, sonst habt ihr gleich den nächsten Stress am Hals ...

4. **Versuche, wenn du wütend bist, zu sagen, warum du es bist.** Und zwar so ruhig und sachlich wie möglich. Ist nicht einfach, klappt auch nicht immer – aber der andere hat eine Chance, dich zu verstehen. Und vielleicht sogar das zu ändern, was dich stört.

5. **In einem Tagebuch** kannst du dir über deine Gefühle in Ruhe klar werden, ohne dass du andere verletzt oder dich blamierst.

6. **Versuche die Energie, die dir die Wut gibt, positiv umzulenken.** Sport und Bewegung hilft dabei. So kannst du die Wut abbauen und bekommst den Kopf wieder frei.

Reden ist also immer eine gute Möglichkeit, die eigene Wut loszuwerden: mit deinen Eltern, Verwandten oder mit Freunden. Manchmal hilft es aber auch, mit jemandem über die Wut zu sprechen, der fremd ist. Eben weil diese Person dich nicht kennt und vielleicht eine ganz neue Sicht auf die Dinge hat. Auch in dem Fall gibt es Hilfe: Bei der „Nummer gegen Kummer" kannst du ganz umsonst anrufen und dich mit jemandem über das, worüber du wütend bist, unterhalten. Ganz egal, was es ist.

DIE NUMMER GEGEN KUMMER

0800 111 0 333 oder auch im Internet unter https://www.nummergegenkummer.de/kinder-und-jugendtelefon.html

Manchmal kommt es aber auch vor, dass etwas ganz viele Menschen gleichzeitig wütend macht. Das sind dann meistens Themen, die ganz groß sind, die vielleicht die ganze Gesellschaft betreffen und bei denen man gar nicht genau sagen kann, wer dafür verantwortlich ist oder wer etwas ändern kann. Und das macht einen dann erst recht wütend. Mit wem soll man denn dann reden, um die Wut loszuwerden?

Damit diese Menschen mit ihren Sorgen Gehör finden, gibt es in Deutschland das Demonstrationsrecht. Das heißt, dass sich jederzeit eine Gruppe von Menschen zusammenfinden und sagen darf, was sie stört.

Und wie geht das mit dem Demonstrieren?

Das check ich für euch!

Checker FRAGE

Wie läuft eine Demonstration ab?

Vielleicht waren manche von euch ja selbst schon auf einer Demo. Bei den Fridays-for-Future-Demonstrationen 2019 haben nämlich die Schüler demonstriert. Viele Schüler auf der ganzen Welt sind freitags nicht in die Schule gegangen, sondern haben sich gemeinsam für den Klimaschutz auf Plätzen versammelt, um ihrer Wut Ausdruck zu verleihen, dass die Politik so wenig für das Klima tut.

Oft ist diese Art des Protests sogar sehr kreativ. Um aufzufallen, basteln die Demonstrierenden Schilder, benutzen Megaphone und Trillerpfeifen oder singen lauthals Lieder. Sogar Clowns sind auf vielen Demos ein fester Bestandteil des friedlichen Protests. Der Fantasie sind dabei keine Grenzen gesetzt, Hauptsache die Wut wird wahrgenommen. Denn je mehr Leute das Problem wahrnehmen und verstehen, desto eher ändert sich was.

In Deutschland haben die Menschen auf diese Art und Weise schon einmal etwas ganz Besonderes vollbracht: Durch die Montags-Demonstrationen während der sogenannten Friedlichen Revolution 1989 haben die Deutschen in der DDR dafür gesorgt, dass die durch den 2. Weltkrieg geteilten Länder BRD und DDR wieder zu einem Land wurden. Eben zu dem Deutschland, in dem wir heute leben.

Leider laufen Demos nicht immer so friedlich ab wie damals in der DDR. Wütende Menschen in einer Gruppe bestärken sich oft gegenseitig in ihrem Gefühl. Ihre Wut steigert sich also sogar noch und dann kann es zu Gewalt kommen. In Deutschland wurde im Zusammenhang mit heftigen Demonstrationen sogar das Wort „Wutbürger“ 2010 zum „Wort des Jahres“ gewählt. Deswegen sind bei großen Demonstrationen auch immer viele Polizisten, die dafür sorgen sollen, dass keiner zu Schaden kommt.

FRAGE gecheckt!

Die meisten Demos verlaufen aber total gewaltlos und es tut gut, dorthin zu gehen und seinem Ärger Luft zu machen. Denn dann hat man das Gefühl, etwas gegen den Grund für die Wut getan zu haben. Auch wenn sich vielleicht nicht sofort etwas ändert, sondern es etwas Zeit braucht.

Zusammenfassend lässt sich also sagen …

Wut ist ein sehr starkes Gefühl mit ungeheurer, manchmal auch zerstörerischer Kraft. Wenn du aber richtig mit ihr umgehst, kannst du die Energie nutzen und sogar in etwas Positives umwandeln.

Sie hilft dir, Enttäuschungen zu überwinden oder deine Ziele zu verfolgen. Es kommt also darauf an, sich seiner Wut bewusst zu werden und sie in die richtigen Bahnen zu lenken.

KLEINES WUT-LEXIKON

AUF 180 SEIN

RASEN VOR WUT

STINKWÜTEND SEIN

AUSFLIPPEN

TOBEN

AUSRASTEN

EINEN HALS HABEN

DIE BEHERRSCHUNG VERLIEREN

IN RAGE SEIN

KOCHEN VOR WUT

EINE SZENE MACHEN

!! Fallen dir noch weitere Ausdrücke ein?

TOBI, ÄRGERE DICH NICHT!

Die Regeln kennst du. Alles, was du also brauchst, sind: 1 Würfel und 1 bis 3 Mitspieler.

Am Ende des Buchs findest du einen Bastelbogen dazu.

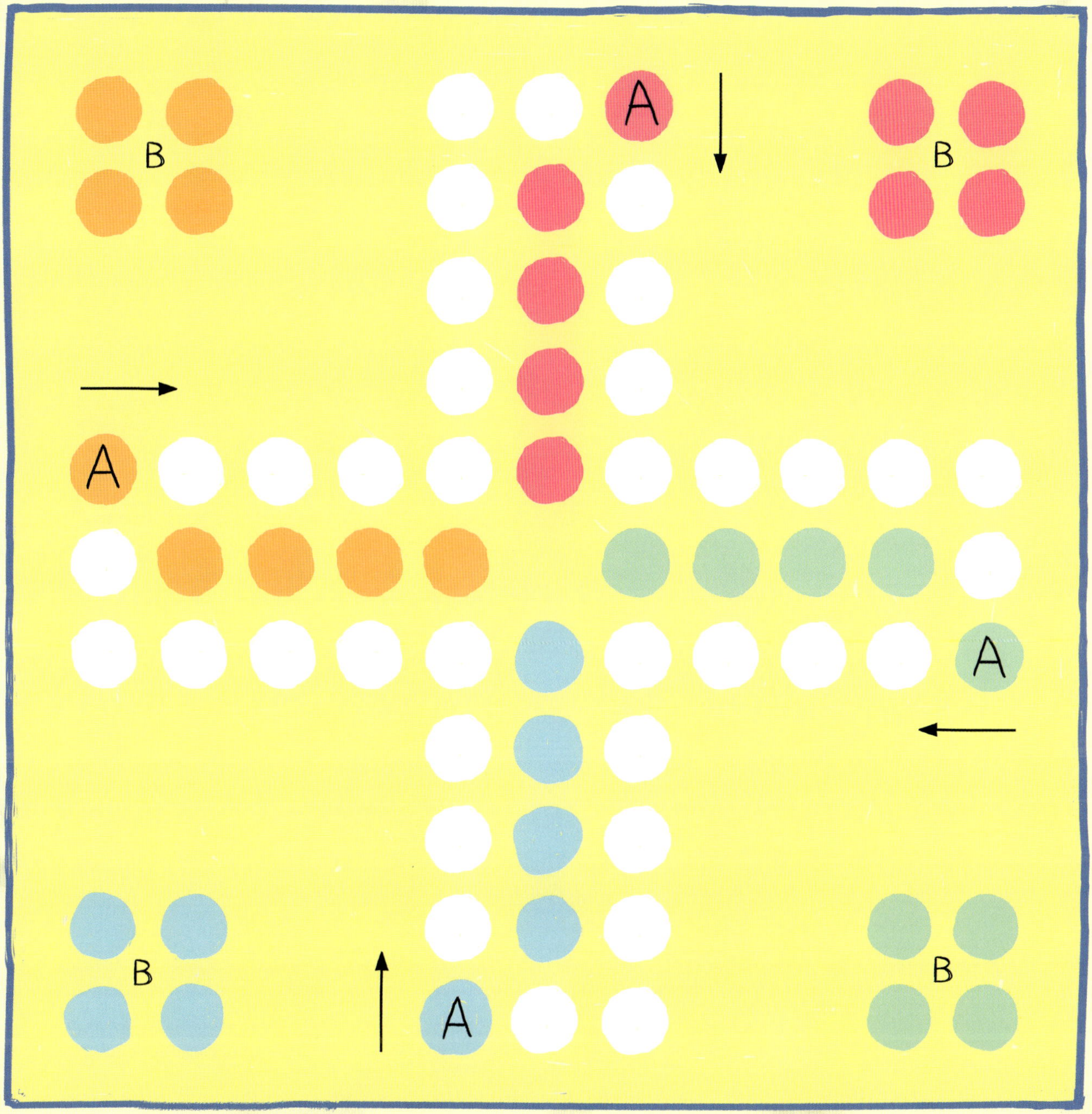
A
B
A
B
A
B
A
B

Unsere nächste Basisemotion könnte man so beschreiben:
Igitt! Pfui – Spinne!

EKEL

Denk mal an die Stinkesocken von deinem großem Bruder oder an den letzten Hundehaufen, in den du getreten bist: voll eklig. Ein Gefühl, das jeder kennt. Ich zum Beispiel finde Kakerlaken richtig ekelhaft. Und so sieht das dann aus:

Wenn wir etwas richtig Ekliges sehen, riechen, schmecken oder fühlen, dann sendet unser Nervensystem sofort ein **Warnsignal an unser Gehirn**. Und das schickt dann blitzschnell Befehle zurück in den Körper:

Achtung! Eklig! Finger weg!

Oft beschränkt sich die Reaktion bei Ekel dabei nicht nur aufs Gesicht: Der Würge- und Brechreflex sorgt für Übelkeit, Schweißausbrüche oder sogar Ohnmacht. Das soll Krankheiten vermeiden und im Extremfall dafür sorgen, dass verdorbenes oder sogar giftiges Essen schnell wieder aus dem Körper gelangt. Ekel schützt also gegen Vergiftung oder Schädigung unseres Körpers.

Babys ekeln sich übrigens noch nicht, auch wenn die Grundlage dafür angeboren ist. Die stopfen sich ungehemmt erst einmal alles in den Mund, wenn man sie lässt. Erst mit zwei bis vier Jahren entwickeln sie ein Ekelgefühl, und was sie dann als eklig empfinden und was nicht, lernen sie von ihrem Umfeld. Finden deine Eltern zum Beispiel Kellerasseln widerlich, ist es wahrscheinlich, dass es dir genauso geht. Meine Mama hat sich jahrelang richtig vor Mäusen geekelt. Und ich hatte dann auch lange Zeit Probleme mit so kleinen Nagetierchen. Obwohl viele die ja total süß finden.

Wovor man sich ekelt und wovor nicht, ist also total unterschiedlich. Das gilt übrigens auch historisch gesehen. So war es noch im Mittelalter in Deutschland weit verbreitet, sich in die bloße Hand zu schnäuzen oder bei Tisch neben sich zu spucken. Dass Euter, Hirn oder Innereien serviert wurden, war noch im 19. Jahrhundert ganz normal. Und während früher gemütlich nebeneinander auf dem Donnerbalken gegessen wurde, also dem damaligen Klo, wäre das heute undenkbar.

Innerhalb einer Kultur verschieben sich also im Laufe der Zeit die Ekelgrenzen, aber auch zwischen einzelnen Kulturen gibt es manchmal große Unterschiede. Das wird besonders bei der Nahrung deutlich: In vielen nationalen oder regionalen Küchen finden sich Speisen, die von Mitgliedern anderer Kulturen als ekelhaft empfunden werden.

WO GIBT'S DENN SO WAS?

Ordne die Länder den Speisen zu.

AUFLÖSUNG: Der Carsu Mazu ist ein Käse mit Maden aus Sardinien (Italien). Der Surströming ist vergorener Fisch aus Schweden, die frittierten Mehlwürmer gibt es in Thailand an jeder Straßenecke und das 1000-jährige Ei gilt in China als Delikatesse.

Na, habt ihr alles rausgekriegt? Verrückt, oder?

Aber es stimmt. Das gibt's da alles wirklich. Und manches davon habe ich sogar schon mal selbst gegessen! Das 1000-jährige Ei ist übrigens natürlich nicht wirklich 1000 Jahre alt, sondern nur ungefähr drei Monate. So lange wird es in einen Brei aus Asche und Gewürzen eingelegt und damit haltbar gemacht.

Sah tatsächlich schlimmer aus, als es war.

So geht es uns im Alltag ganz oft: Wir finden was eklig, und wenn wir uns dann damit beschäftigen und unseren Ekel überwinden, stellen wir fest, dass es halb so schlimm war. Das funktioniert interessanterweise aber auch andersherum.

Ekel kann auch rückwirkend eintreten. Also, wenn du gerade was voll Leckeres gegessen hast – und dir dann der freundliche vietnamesische Koch erklärt, dass es Hund war, ist die Chance hoch, dass du ein wenig Ekel empfindest.

Es reicht sogar, wenn du etwas siehst, was nur so aussieht oder dich an was Ekliges erinnert.

Das nennen Wissenschaftler „Gesetz der Ähnlichkeit“.
Ist wirklich so.
Hab ich selbst erlebt.

Appetitlich serviert wurde mir dieser leckere Schokopudding vom Psychologen Bernd. Mit ihm wollten wir herausfinden, ob sich alle Menschen vor dem Gleichen ekeln.

Checker FRAGE

Gibt es etwas, vor dem sich ALLE Menschen ekeln?

In einer Fußgängerzone hatten wir einen langen Tisch mit wirklich widerlichen Sachen aufgebaut.

Insekten, ekliger Schleim, Stinkesocken, Gülle – da war alles mit dabei.

Und dann haben wir die Reaktion der Fußgänger darauf getestet. Tatsächlich fanden viele Leute dieselben Dinge eklig, aber es fand sich meistens jemand, bei dem das nicht so war.

Von Bernd weiß ich, dass es bei allen kulturellen und gesellschaftlichen Unterschieden dennoch ein paar Dinge gibt, auf die sich nahezu alle Menschen einigen können:

Kot, Urin, Eiter, Leichen und verdorbene Lebensmittel findet wirklich jeder eklig.

UH, WAS IST DAS DENN?

Vielleicht habt ihr das schon mal selbst erlebt. Ihr habt voll Lust auf etwas zu essen, geht in die Küche und macht den Kühlschrank auf. Ihr seht nur Eier, Gemüse, die angefangene Butter und die letzten beiden Senfgurken im Einmachglas und wollt schon enttäuscht wieder die Tür schließen, als ihr es hinter dem Salat blitzen seht. Tatsächlich! Euer Lieblingsjoghurt! Voll gut! Ihr macht den Deckel ab und dann das …

Schimmel! Voll eklig!
Aber wie entsteht der eigentlich?

Das check ich für euch!

Checker FRAGE

Wie entsteht ekliger Schimmel?

Kathi und Marina sind Lebensmittel-Chemikerinnen. Sie erforschen, wie und warum sich Schimmel auf Lebensmitteln ausbreitet.

Von ihnen weiß ich, dass Schimmel ein Pilz ist. Die gibt's auf der Erde genauso wie Tiere, Menschen oder Pflanzen. Und wenn man ins Mikroskop schaut, kann man wirklich eine Verwandtschaft zu den Pilzen, die wir zum Beispiel auf die Pizza werfen, erahnen.

Schimmelpilze fliegen mit der Luft herum. Also, natürlich nicht ganze Pilze, sondern nur minikleine Teile davon. Diese sogenannten **„Schimmelsporen"** gibt's überall: bei dir zu Hause in der Küche, im Wald oder hier bei mir.

Genau wie wir braucht auch ein Pilz Wasser und Nahrung. Deswegen setzt er sich gerne auf Dinge, die wir ebenfalls essen. Dabei zersetzt der Pilz das Lebensmittel, er isst es also quasi auf.

FRAGE gecheckt!

Und wenn er es dort noch kuschelig warm hat, geht das noch schneller. Deswegen kommen verderbliche Dinge immer in den Kühlschrank.

Wie wir Menschen scheidet auch der Pilz irgendwann wieder etwas aus. **„Schimmelpilzkacke“** sozusagen. Und genau die ist für uns Menschen sehr ungesund und kann uns krank machen. Es hat also einen wichtigen Grund, warum wir verschimmelte Sachen eklig finden. Und weil der Schimmelpilz nicht nur auf der Oberfläche, sondern auch in die Tiefe wächst, darf man **verschimmelte Lebensmittel auf gar keinen Fall essen.**

Lieber gleich weg damit!

Übrigens ist nicht jeder Schimmel schlecht.
Es gibt auch guten, der nicht giftig ist: den **Edelschimmel.**
Ihn findest du manchmal zum Schutz um die Salami herum oder auch öfter mal in Käse, zum Beispiel dem Camembert.

Und den finden dann viele Menschen gar nicht eklig, sondern voll lecker!

WIE EKLIG IST DAS DENN?

Tobis Ekel-Experiment zum Nachspielen

Schneide auf der Unterseite eines Schuhkartons ein Loch, durch das bequem deine Hand passt. Die Vorderseite der Kiste bleibt offen, sodass die, die davorstehen, hineinsehen können.

Abwechselnd muss sich nun immer eine Person hinter die Kiste stellen, sodass sie nicht sieht, was vorher hineingelegt wurde. Und egal, was es ist: Hauptsache, es fühlt sich eklig an. Zum Beispiel eine geschälte Tomate, gekochte Spaghetti oder Maiskörner.

Jetzt muss die Person, die an der Reihe ist, die Hand durch das Loch stecken und raten, was sie da gerade ertastet. Ihr werdet sehen: Das Spiel sorgt für jede Menge Spaß und Ekel bei dir und deinen Freunden. Am Lustigsten ist es, wenn du deine Eltern bittest, es für euch vorzubereiten, zum Beispiel auf deiner Geburtstagsfeier.

Ein ähnliches Gefühl, das auch oft mit Ekel verwechselt wird, ist übrigens ABLEHNUNG oder auch VERACHTUNG.

Die Mimik bei Ablehnung, also der Ausdruck im Gesicht, ist der des Ekels fast gleich. Allerdings bewegst du währenddessen nur eine Seite im Gesicht, nicht beide gleichzeitig wie bei Ekel. Also nur ein Mundwinkel hebt sich leicht, vielleicht sogar die Oberlippe, wodurch sich dann die Nase auf der gleichen Seite rümpft. Paul Ekman hatte dieses Gefühl anfänglich auch dem Ekel zugeordnet, später kam er dann zu dem Schluss, dass das zu ungenau wäre. Für viele andere Forscher gilt das allerdings nicht: Für sie ist Ablehnung nach wie vor keine eigenständige Basisemotion.

Im Gegensatz zu den sechs Basisemotionen ist Verachtung nicht von körperlichen Prozessen abhängig. Wer verachtet, ist ein denkender Mensch. Deshalb sprechen Wissenschaftler auch von einem **kognitiven Gefühl**, wenn sie von Verachtung reden.

KOGNITIV ...

Das Wort kommt vom lateinischen Wort „cognoscere" (wissen, erkennen) und bedeutet „das Denken betreffend".

Wenn wir etwas ablehnen oder sogar verachten, schüttet der Körper keine Stresshormone aus wie bei jemandem, der sich ekelt, wütend wird oder verliebt ist. Es gibt auch keinerlei Schutzfunktion für den Körper. Es ist einfach nur **ein Signal unseres Missfallens** oder der Überheblichkeit, sozusagen das Gegenteil von Achtung.

Das sieht man übrigens total häufig im Alltag. Auch bei dir. Zimmer aufräumen? Abgelehnt! Hausaufgaben machen? Schon ist dein Mundwinkel oben. In schwacher Form passiert das ständig. Immer, wenn du was doof findest. **Und je krasser du etwas ablehnst, je stärker das Gefühl ist, desto eher spricht man von Verachtung.**

Das ist an sich also schon kein cooles Gefühl, besonders schlimm wird es aber, wenn es dabei um Menschen geht. Wenn du eine Person wirklich verachtest, schaust du von oben auf sie herab und willst ihr sagen: Ich bin besser als du, du bist minderwertig. Vielleicht lachst du denjenigen sogar aus. Gerade in der Schule kommt das leider häufiger mal vor. Und wenn es immer wieder denselben Menschen trifft, über den sich lustig gemacht wird, dann spricht man von Mobbing.

Checker FRAGE?

Was ist Cyber-Mobbing?

Um das zu checken, bin ich in eine Schulklasse gegangen. Gemeinsam mit dem Online-Experten Saïd und meiner Kollegin Amelie habe ich ein kleines, geheimes **Experiment** gemacht.

Ich habe in dem Gruppenchat der 6c ein ziemlich gemeines Bild von Amelie gepostet und mit fiesen Kommentaren versehen.

Denn genau das ist Cyber-Mobbing: Jemanden über Handy oder im Internet beleidigen. Du ziehst über eine andere Person her, verschickst blöde Bilder von ihr oder machst fiese Foto-Montagen, die andere witzig finden sollen. Das ist nicht nur besonders gemein, weil du der Person nicht gegenüberstehst – sie vielleicht also gar nichts von der Beleidigung weiß oder reagieren kann. Vor allem hat derjenige keine Kontrolle darüber. Du übrigens auch nicht.

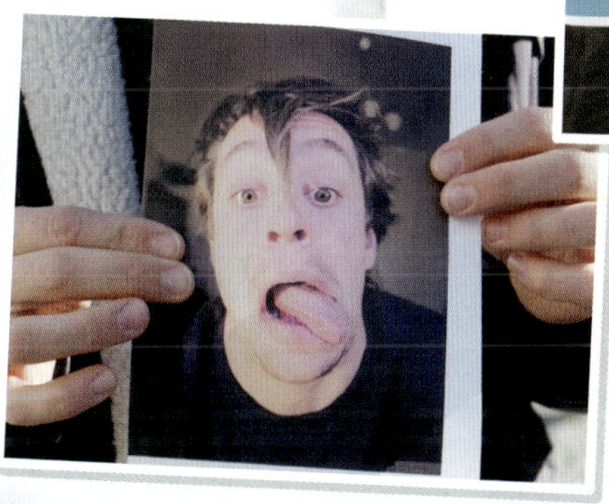

Wenn ich ein Bild von mir habe, das ich doof finde, kann ich es einfach zerreißen und in den Müll werfen.

Bei Cyber-Mobbing postet dieses Bild jemand anderes im Internet oder über Handy. Dann ist das ungefähr so, als würde das blöde Bild Hunderte Male kopiert und verteilt werden: Niemand kann mehr bestimmen, wer das Bild sieht und wer nicht. Und das ist echt ein Problem.

FRAGE gecheckt!

DISKRIMINIERUNG

Das Wort kommt aus dem Lateinischen und bedeutet „Unterscheidung“.
Werden bestimmte Menschen schlechter behandelt als andere, werden sie diskriminiert. Die Gründe dafür können sehr unterschiedlich sein: Meistens betrifft es das Geschlecht, die Hautfarbe, die Herkunft oder die Religion.

Wie, glaubt ihr, hat die 6c reagiert? Haben sie mitgemacht bei meinem Mobbing-Versuch?

Ich war echt froh, zu sehen, wie unser Experiment ausgegangen ist: Die 6c hat nämlich sehr schnell gemerkt, dass das nicht okay ist, was ich mache, und ist nicht drauf eingestiegen.

Wenn ihr das also mal bei jemand anderem mitbekommt, macht bitte nicht dabei mit. Versucht lieber, euch in das Opfer hineinzuversetzen. Überlegt, wie es dem Menschen gerade dabei geht und wie ihr euch an seiner Stelle fühlen würdet.

Helft der Person und sprecht mit einem Erwachsenen darüber, der euch oder dem Betroffenen helfen kann, vielleicht einem Lehrer oder euren Eltern.

Denn grundsätzlich gilt: Ihr solltet nur auf jemanden herabschauen, während ihr ihm aufhelft. Alles andere ist ekelhaft. Finde ich jedenfalls.

Fassen wir also noch einmal zusammen ...

Ekel und Verachtung sind ähnlich, aber nicht dasselbe: Während das Gefühl der Verachtung keinerlei Schutzfunktion für den Körper hat, hält Ekel uns davon ab, mit krankheitserregenden oder sogar gefährlichen Stoffen in Kontakt zu kommen.

Heutzutage ekeln wir uns allerdings vor vielem, was gar nicht mehr gefährlich für uns ist. Das muss aber nicht so bleiben: Wenn wir uns mit dem, wovor wir uns ekeln, beschäftigen und es besser kennenlernen, können wir den **Ekel überwinden**.

Nach den ganzen ekligen Sachen haben wir uns jetzt ein richtig schönes Gefühl verdient, oder?

FREUDE

Das Gefühl, wenn du ein Tor geschossen oder eine gute Note in der Schule geschrieben hast. Oder wenn die Schule gleich ganz ausfällt. Das Gefühl, wenn du etwas bekommst, was du dir schon lange gewünscht hast, oder einfach nur nachmittags endlich deine Freunde triffst:

Über das Kapitel verteilt findet ihr Witze zum Lachen und Weitererzählen.

Wenn wir Freude empfinden, fühlen wir uns gut. Das liegt daran, dass unser Gehirn Stoffe ausschüttet, die uns glücklich machen: **Endorphin und Dopamin** zum Beispiel. Außerdem werden weniger Stoffe ausgeschüttet, die für Stress verantwortlich sind.

DOPAMIN ...

Dieser Botenstoff dient der Motivation und wird direkt vor dem Erreichen eines Ziels ausgeschüttet. Produziert der Körper dauerhaft zu wenig, ist ein Mensch antriebslos und schlecht konzentriert. Zu viel davon, und er wird hibbelig und hyperaktiv.

Je mehr wir uns freuen, desto stärker wird dieses Gefühl. Das ist wie ein Feuerwerk in uns drin. Du könntest sprichwörtlich platzen vor Freude. Und dieses Gefühl muss irgendwohin, da reicht ein Lächeln dann gar nicht mehr aus: Du lachst oder schreist vielleicht sogar, springst in die Luft oder umarmst den nächstbesten Menschen neben dir. Und obwohl wir Freude nur einen ganz kurzen Augenblick empfinden, kann die gute Stimmung danach noch lange anhalten. **Wir sind super drauf und stecken voller Energie.**

Freude hat zunächst mal die Aufgabe, dir zu zeigen, dass ein Bedürfnis erfüllt wurde. Das heißt, du hast etwas bekommen, was du gebraucht oder dir gewünscht hast. Das Gefühl wirkt also als natürliche Belohnung. Das wiederum ist ganz wichtig für den Menschen zum Lernen. So weiß er, dass das, was er gerade getan hat, sinnvoll und gut für ihn ist. Deinen Mitmenschen soll Freude zeigen, dass du glücklich bist. Und das Tolle an diesem Gefühl ist:

Echte Freude kann sogar richtig ansteckend sein! Aber warum ist das so?

Das check ich für euch!

ENDORPHIN ...

Das Hormon Endorphin wirkt schmerzlindernd und euphorisierend. Der Körper schüttet es bei körperlicher Anstrengung aus, aber auch beim Lachen und Singen. Sowohl Endorphin als auch Dopamin werden in einer Drüse im Gehirn produziert und können Hochgefühle im Menschen auslösen.

Wie nennt man einen Bumerang, der nicht zurückkommt?

Stock!

Checker FRAGE

Warum ist Freude ansteckend?

Um das zu checken, habe ich den Kinderarzt Omar getroffen. Von ihm wollte ich erst mal wissen, wieso wir überhaupt lachen – schließlich tun wir das, wenn wir uns doll freuen.

Was passiert, wenn du bei einem Bäcker anrufst?
Die Mehlbox geht ran.

Er hat mir erklärt, dass Lachen ein Reflex ist. Also etwas, worauf wir reagieren, ohne darüber nachzudenken. Vielleicht kennt ihr das vom Kinderarzt. Manchmal haut der mit einem Hämmerchen gegen das Knie. Und wenn sich das Bein dann automatisch bewegt, ist das ein Reflex. Lachen ist auch so ein Reflex. Und den kannst du nur schlecht unterdrücken. Zumindest laut Omar. Das wollte ich natürlich sofort testen. Also habe ich mit ihm ein kleines Experiment gemacht:

Wir haben versucht, uns gegenseitig zum Lachen zu bringen.

Und was soll ich euch sagen?
Von zehn Versuchen mussten wir beide acht Mal lachen.

Bei unserem Experiment ist mir aber auch noch etwas anderes aufgefallen: **Wenn einer von uns gelacht hat, musste der andere meist mitlachen.** Warum das bei allen Menschen so ist, konnte mir Omar auch erklären: wegen der **Spiegelneuronen**. Das sind Zellen in unserem Gehirn, die dafür sorgen, dass wir automatisch das Gefühl nachmachen, das wir beim anderen sehen. Wie ein Spiegel – deswegen Spiegelneuronen.

Spiegelneuronen bewirken, dass wir mit anderen Menschen mitfühlen und es uns nicht egal ist, wie es denen geht. Sie sind also ziemlich wichtig. Und auch beim Lachen tun uns die Spiegelneuronen gut.

Wer gemeinsam lacht, der zeigt seinem Gegenüber: Ich mag dich, und ich finde gut, was du sagst. Beim Gähnen funktioniert das übrigens auch. Und bei der Freude ist es ganz genauso:

Wenn wir sehen, dass jemand sich freut, freuen wir uns dank der Spiegelneuronen in unserem Gehirn ein bisschen mit.

FRAGE gecheckt!

Was stinkt und wächst unter der Erde?
Die Furzel.

Mitfreude ist die eine Art der Freude. Es gibt aber noch viel mehr. Zum Beispiel die **Schadenfreude**. Wenn einem anderen Menschen ein Missgeschick passiert, dann lachen wir manchmal los. Ist doch auch witzig, wenn jemand auf einer Bananenschale ausrutscht. Die Reaktion, die dann meistens kommt, nennt man Schadenfreude. Ein merkwürdiges Wort eigentlich, zusammengesetzt aus „Schaden“ und „Freude“.

Sich über den Schaden von jemand anderem freuen – irgendwie komisch, oder? Wieso machen wir das also? Und ist das okay – oder nicht doch eher ziemlich gemein?

Das check ich für euch!

Checker FRAGE?

Ist Schadenfreude okay?

In der Kunst, der Literatur und im Film ist Schadenfreude schon immer beliebt. Schon im 19. Jahrhundert hat Wilhelm Busch mit seinen Lausbuben-Geschichten über **Max und Moritz** viele Lacher geerntet.

Vielleicht habt ihr auch schon mal von **Charlie Chaplin** oder dem **Komiker-Duo Dick und Doof** gehört. Sie alle haben eines gemeinsam: Sie nutzen Schadenfreude, um uns zum Lachen zu bringen.

Und heute? Gilt das mehr denn je. Im Fernsehen gibt es eine Vielzahl an Sendungen, in denen Menschen Streiche gespielt werden. **Auch das Internet ist voll von sogenannten „Pranks", die uns zum Lachen bringen sollen.**

Ob das jetzt gut oder schlecht ist, kann man nicht eindeutig sagen. Natürlich ist es erst einmal nicht cool, sich auf Kosten anderer zu amüsieren. Andererseits ist Schadenfreude ein Weg für uns, etwas Gerechtigkeit herzustellen.

Wenn zum Beispiel ein Angeber oder Lügner entlarvt wird, empfinden wir das als gerecht. Und das freut uns. Zudem erkennen wir an kleinen Missgeschicken anderer, dass sie auch nicht perfekt sind. Unsere eigenen Fehler kommen uns dann gar nicht mehr so schlimm vor. Deswegen tut Schadenfreude auch gut.

Dieses Gefühl ist zwar nicht besonders nett, aber solange dabei niemand zu Schaden kommt, ist es auch kein Grund, sich deswegen schlecht zu fühlen.

FRAGE gecheckt!

Das Ausleben von Schadenfreude kann manchmal aber auch für alle richtig Spaß machen. Am 1. April zum Beispiel. An diesem Tag versuchen sich die Menschen gegenseitig zu veräppeln und zum Narren zu halten. Auch in manchen Zeitungen, im Fernsehen und im Radio kannst du **Aprilscherze** finden. Es wird über lustige Dinge berichtet, die später als Scherze aufgedeckt werden.

Was ist grün und sitzt auf dem Klo?
Ein Kacktus!

Was sagt der große Stift zum kleinen Stift?
Wachs-mal-Stift!

WOHER KOMMT DER APRILSCHERZ?

A Die Kalenderreform

Der französische König Karl IX. hat im Jahr 1564 die Zeiteinteilung des Kalenders verändert. Er verlegte den Neujahrstag vom 1. April auf den 1. Januar. Einfach so. Zum Spaß verschickten einige Menschen daraufhin am 1. April trotzdem weiter Einladungen zu Neujahrsfesten. Da es damals keine Zeitungen gab, wussten viele „Gäste" nichts von der Kalenderreform und folgten deshalb der Einladung.

B Das Aprilwetter

Kennst du das Sprichwort: „April, April – er macht, was er will"? Diese Bauernregel bezieht sich auf das Wetter, das oft wechselhaft ist. Ist in einem Moment Sonne, kann es schon kurz darauf in Strömen regnen. Das Wetter täuscht uns also, und deswegen haben die Menschen angefangen, sich daran ein Beispiel zu nehmen und sich gegenseitig reinzulegen.

C Die Bibel

Der gefallene Engel Luzifer soll am 1. April in die Hölle gekommen sein. Zudem gilt der Tag als Geburtstag von Judas, dem Jünger, der Jesus in der Bibelgeschichte verraten hat. Deshalb ist der 1. April für manche Christen ein Tag des Unglücks, vor dem man sich hüten soll.

Antwort: April, April. Die Antwort weiß niemand so genau! Das sind aber zumindest die drei häufigsten Erklärungen.

Den Aprilscherz gibt es in fast allen europäischen Ländern. Aber auch in großen Teilen Amerikas, in Südafrika oder in Indien werden Menschen in den April geschickt – auch wenn es in den Ländern ganz unterschiedliche Bräuche gibt. In Portugal bespritzt man denjenigen, der auf den Aprilscherz hineinfällt, mit Wasser. In Frankreich wiederum versucht man, jemandem heimlich einen Papierfisch auf den Rücken zu kleben.

Schadenfreude zum 1. April gibt es also in vielen Kulturen. Aber es gibt noch eine andere Art der Freude, die wir auf der ganzen Welt kennen: **VORFREUDE.** Im Volksmund wird sie sogar als die schönste Freude bezeichnet. Doch ist das wirklich so?

Das check ich für euch!

Um mehr über Vorfreude zu erfahren, habe ich den absoluten **Experten für Vorfreude** gefragt: Den **Weihnachtsmann**. Natürlich nicht den echten Weihnachtsmann, aber den echtesten, den ich auftreiben konnte. Er wohnt nördlich des Polarkreises in Lappland, im Weihnachtsmanndorf in Rovaniemi.

Gerade vor Weihnachten steigt bei vielen die Vorfreude ins Unermessliche: der Weihnachtsmarkt, die vielen Lichter, die Musik oder das Plätzchenbacken – all das löst in unserem Gehirn das Gefühl der Vorfreude aus.

Checker FRAGE?

Ist Vorfreude die schönste Freude?

Geht eine Schwangere zum Bäcker: „Ich bekomme ein Brot!" Darauf der Bäcker: „Sachen gibt's!"

Schon als kleine Kinder müssen wir lernen, uns in Geduld zu üben. Zählen vereinfacht die Sache. Deswegen die Türchen im Adventskalender oder die Kerzen auf dem Adventskranz. Ihr wisst schon: Advent, Advent, ein Lichtlein brennt. Erst eins, dann zwei, dann drei, dann vier – und wenn das fünfte Lichtlein brennt, dann hast du Weihnachten verpennt ...

Und je länger wir warten, desto größer wird unsere Vorfreude. Kurz vor dem Auspacken der Geschenke ist sie sogar so stark, dass wir manchmal ein Kribbeln in den Fingern spüren können. **Dabei kann die Vorfreude sogar stärker sein als die Freude über das, was du bekommst!**

FRAGE gecheckt!

Die Zeit vor Weihnachten beschert unserem Gehirn über einen längeren Zeitraum mehr positive Gefühle als das Ereignis an sich. Das liegt daran, dass die Vorfreude die Spannung aufrechterhält. **Denn es könnte ja sein, dass es sogar noch toller wird, als wir uns erhoffen!**

Man kann daher also wirklich sagen, dass Vorfreude die schönste Freude ist.

Das Problem dabei ist nur: Vorfreude kann auch ziemlich weh tun. Nämlich dann, wenn sich unsere Wünsche nicht erfüllen oder unsere Vorstellungen enttäuscht werden. Habt ihr bestimmt schon erlebt.

Zum Glück kann man später oft trotzdem darüber lachen. Die Freude kommt also doch irgendwie – nur eben anders als gedacht und mit etwas Verspätung.

Freude ist also nicht nur ein total schönes Gefühl, sondern auch total wichtig. Für euch und für euer Gegenüber. Und damit wieder für euch. Ihr wisst ja, Spiegelneuronen und so.

„TOBI VS. OMAR-EXPERIMENT“

Zum Nachspielen!

MITMACH-CHECK

Erinnerst du dich, als Omar und ich uns gegenseitig zum Lachen gebracht haben? Probier das doch auch mal aus. Das war echt total lustig!

Du brauchst einen Mitspieler, einen Tisch mit zwei Stühlen und einen Sichtschutz, den ihr zwischen euch auf den Tisch stellt. Nicht unbedingt einen Vorhang wie bei uns, es geht auch ein großes Buch oder eine Kiste. Zur Not versteckt ihr euch jedes Mal unterm Tisch. Hauptsache, ihr seht euch nicht. Und dann geht's los.

Derjenige, der anfängt, macht plötzlich den Sichtschutz weg und versucht, den anderen zum Lachen zu bringen. Mit einer Grimasse, einem Witz, einer lustigen Aktion, einer Maske, Scherzartikeln – alles ist möglich. Wenn er es schafft und der andere lacht, gibt's einen Punkt.

Dann wird abgewechselt und es geht von vorne los: Ihr baut den Sichtschutz wieder auf, und der andere versucht diesmal, dich zum Lachen zu bringen. Und so geht's immer weiter. Entweder, bis ihr einen vorher ausgemachten Punktestand erreicht habt – oder bis ihr nicht mehr könnt vor Lachen ...

Kommen wir nun zu einem sehr stillen Gefühl:

TRAURIGKEIT

Es gibt unendlich viele Gründe, warum man traurig sein kann: die Fünf in Mathe, obwohl du dich so angestrengt hast. Oder vielleicht weil ein Freund weggezogen ist und du ihn vermisst. Oder auch nur, weil du mal wieder beim „Tobi, ärgere dich nicht" verloren hast. Jeder von uns kennt das Gefühl, traurig zu sein. Ich auch. Und so sieht das dann aus.

Wenn wir traurig sind, fühlt es sich an wie eine Wunde in uns drinnen. Manche sagen zu Traurigkeit auch „Schmerzen der Seele“. Wenn ich richtig traurig bin, habe ich auf gar nichts mehr Lust. Ich will nicht ins Kino oder ins Schwimmbad, ich ziehe mich zurück und will niemanden sehen. Noch nicht mal essen will ich dann. Ich bin einfach nur traurig. Das liegt daran, dass unser Körper viel **weniger Dopamin und Noradrenalin** ausschüttet als gewöhnlich.

NORADRENALIN

Dieser Stoff wird immer dann ausgeschüttet, wenn der menschliche Körper einer Gefahr ausgesetzt ist oder unter Stress steht. Er sorgt für Problembewusstsein für Aufmerksamkeit und Motivation. Zu viel davon führt zu Unruhe oder auch Angst.

Diese beiden Stoffe sind für die Action im Körper zuständig. Wenn sie fehlen, sind wir also richtig antriebslos und haben auf nichts mehr Bock. Wir sind eben traurig. Oft weinen Menschen dabei auch. Das ist überhaupt kein Grund sich zu schämen, sondern total gut und gesund! Denn beim Weinen werden Glückshormone freigesetzt, die sogenannten Endorphine. Sie helfen dabei, die seelischen Schmerzen zu lindern.

Denn das ist der Sinn von Traurigkeit: Sie ist das Pflaster für unsere innere Wunde. Manchmal müssen wir dabei in uns hineinhören und genau darauf achten, was den Schmerz verursacht. Dann schafft die Traurigkeit auch wieder Platz im Herzen für neue, schöne Dinge.

Auf meinen Reisen für die Checker-Tobi-Sendungen hab ich viele Leute getroffen, die zwar was Schlimmes erlebt haben, aber nachdem sie darüber hinweggekommen sind und wieder glücklich waren, total krass abgegangen sind.

Traurigkeit ist also echt wichtig. Und nachdem wir die Traurigkeit überwunden haben, erkennen wir oft auch neue Möglichkeiten, die wir bekommen haben. Bei Niederlagen im Sport zum Beispiel.

Die meisten Menschen finden Verlieren ziemlich doof.

Ist ja auch cooler zu gewinnen. Aber eine **Niederlage** ist nicht einfach nur schlecht, sondern will dir meist etwas zeigen: und zwar, wo du noch ein wenig üben musst. So lernen wir Menschen nämlich. Durch Misserfolg. Und das ist **das Normalste der Welt.**

Im Chinesischen gibt es sogar eine Schriftzeichen-kombination, die Krise und Chance gleichzeitig bedeutet. Eine Krise, also ein Moment, in dem alles doof erscheint und du echt traurig bist, gibt dir nämlich immer auch die Chance, es beim nächsten Mal besser zu machen.

危机

Wir kennen zum Beispiel den Spruch: **„Wenn dir das Leben Zitronen gibt, mach Limonade draus."** Und in Japan wird die Methode zur Reparatur von Keramik und Porzellan als **„Kintsugi"** bezeichnet. Dabei werden die kaputten Schälchen und Vasen so zusammengeklebt, dass die Brüche sogar deutlich hervorgehoben werden, weil im Kleber Gold, Silber oder Platin enthalten ist. Dadurch werden die einst kaputten Keramiken zu einem richtigen Kunstwerk. **Selbst die größten Scherben bieten also noch die Chance auf etwas Neues, das vielleicht sogar noch schöner ist.**

Manchmal gibt es aber leider auch Situationen, in denen wir keine zweite Chance bekommen: Wenn ein geliebter Mensch oder ein geliebtes Tier stirbt. Wenn so etwas passiert, dann ist die Wunde der Seele besonders groß. Und je trauriger wir sind, je tiefer unsere innere Wunde ist, desto länger dauert die Phase des Traurigseins an.

Dann spricht man von Trauer.

Trauer ist ein sehr starkes Gefühl und lässt keinen Platz für andere Gefühle. Wir können zum Beispiel nicht gleichzeitig trauern und uns gruseln. Das heißt aber nicht, dass, wir die ganze Zeit traurig sind, wenn wir trauern. Oft versteckt sich die Trauer im Hintergrund und überlässt den Platz wieder anderen Gefühlen. Aber sie ist nie ganz weg und kommt manchmal ganz plötzlich wieder zum Vorschein, wenn du gar nicht damit rechnest. Beim Verlust eines Menschen, den wir sehr geliebt haben, kann Trauer sogar Jahre anhalten. Sie dauert eben einfach genau so lange, wie sie muss. Das dauert bei jedem unterschiedlich lang und ist bei jedem okay.

Das Gute ist, dass wir der Trauer helfen können, die Wunde zu schließen. Zum Beispiel durch ein Ritual, durch das wir uns den endgültigen Verlust noch einmal klarer machen und uns von dem Verstorbenen verabschieden können. Das ist schon seit Tausenden von Jahren so und gilt für alle Kulturen und Religionen.

In der Bronzezeit vor 3000 Jahren haben die Menschen zum Beispiel ihre Toten auf einem großen Holzstoß verbrannt. Auch die Wikinger vor 1000 Jahren verbrannten ihre Toten. Diese wurden dafür in festliche Kleidung gehüllt. In Indien ist das auch heute noch so. Im Anschluss wird dann die Asche des Verstorbenen gemeinsam mit Blumen und Girlanden in einem heiligen Fluss verstreut.
Und wie läuft das bei uns ab?

Das check ich für euch!

Wie läuft in Deutschland eine Beerdigung ab?

Um das zu checken, habe ich mich mit Anna getroffen. Sie ist von Beruf **Bestatterin**. Sie kümmert sich also um die Beerdigung von Verstorbenen und auch um deren Angehörige. Von ihr weiß ich, dass auch in Deutschland immer öfter Leichen verbrannt und in einem kleinen Gefäß, einer sogenannten Urne, auf dem Friedhof begraben werden. **Die meisten Menschen werden allerdings in einem Sarg beerdigt.**

Das passiert auf dem Friedhof. Friedhofsgärtner Edu hat mir gezeigt, wie er ein **Urnengrab** aushebt. Ich durfte sogar mithelfen. 80 Zentimeter wird am Ende das Loch tief, in dem die Urne versenkt wird. Danach habe ich Anna noch beim Herrichten des Sarges für die Trauerfeier geholfen.

Bei einer Trauerfeier kommen die Trauernden zusammen. So können sich die Hinterbliebenen noch einmal persönlich vom Verstorbenen verabschieden. Das geht bei geschlossenem Sarg, oft steht er aber offen. Dann ist der Leichnam hübsch hergerichtet, frisiert, fein angezogen oder mit dem Lieblingsparfum besprüht.

Der Pfarrer, Verwandte oder auch Freunde des Verstorbenen halten während der Trauerfeier meist kleine Abschiedsreden, und im Anschluss gehen dann alle gemeinsam in einem sogenannten Trauermarsch zum Grab, wo der Tote in die Erde hinabgelassen wird. Jeder Einzelne verabschiedet sich dann noch einmal und hinterlässt dabei oft Blumen oder Blumenkränze am Grab.

Vielen Trauernden hilft so ein Grab. Denn auf einem Friedhof herrscht eine ganz besondere, stille Atmosphäre.

Es tut gut, dort dem Menschen, den man so vermisst, ein wenig nahe zu sein, die letzte Ruhestätte zu bepflanzen oder ihm ein paar Blumen mitzubringen, wenn man ihn mal besucht.

FRAGE gecheckt!

Überall auf der Welt haben die Menschen andere Bräuche, wie sie mit ihren Toten umgehen.

Während bei uns meist der klassische Holzsarg zum Einsatz kommt, kann man sich in Ghana (Westafrika) vom Schreiner einen **Sarg in jeder erdenklichen Form** machen lassen.

Und in Mexiko gilt der „Día de los muertos“, der Tag der Toten, als einer der wichtigsten Feiertage.

Über drei Tage wird dabei der Toten gedacht. Die Gräber werden geschmückt, die Menschen ziehen sich farbenfrohe Gewänder an und schminken sich besonders kunstvoll. Denn auch wenn es dabei um den Tod geht, ist es vor allem ein Fest der Liebe und des Respekts für die Verstorbenen. **Voll schön, oder?**

TRAUERFARBEN

Auch äußerlich sichtbare Trauerzeichen, wie die Farbe der Kleidung, unterscheiden sich von Kultur zu Kultur. Gilt Schwarz bei uns in Mitteleuropa und auch Nordamerika als Farbe der Trauer, so ist es in manchen lateinamerikanischen Ländern Weiß oder auch in Thailand oder Japan. Chinesen wiederum nutzen neben Weiß auch Dunkelblau als Trauerfarbe und im alten Ägypten drückten die Menschen ihre Trauer mit gelber Kleidung aus.

Trauer ist also nicht nur wichtig, sondern hat auch ganz unterschiedliche Formen.

Oft wissen die betroffenen Menschen dann noch nicht einmal, warum sie eigentlich traurig sind. Wenn dieser Zustand langfristig anhält, dann spricht man von einer **Depression**. Vielleicht habt ihr das Wort ja schon mal gehört. **Aber was ist das eigentlich genau?**

Das check ich für euch!

Checker FRAGE?

Was ist eine Depression?

Bei einer Depression ist man oft über Monate hinweg traurig, will niemanden sehen und kann sich über nichts mehr freuen. Viele können nicht schlafen und sind deswegen total erschöpft. Sie wollen nicht mehr rausgehen und stattdessen am liebsten den ganzen Tag allein im Bett bleiben. Manche denken sogar, dass sie nicht mehr leben möchten.

Zum Glück gibt es heutzutage viele Möglichkeiten, diese Krankheit zu bekämpfen: Es gibt Therapien gegen Depressionen. Das bedeutet, dass man sich regelmäßig mit einem Psychiater oder Psychologen trifft, um über seine Probleme zu sprechen. Manchmal hilft es auch, spezielle Medikamente zu nehmen.

Eine Depression ist eine psychische Krankheit, bei der das Denken und Fühlen des Menschen aus der Bahn geraten ist. Die Chancen stehen aber gut, dass man wieder ganz gesund wird.

FRAGE gecheckt!

Es ist nicht immer leicht zu erkennen, warum jemand depressiv geworden ist. Und es macht auch keinen Sinn, danach zu fragen, wer Schuld an der Depression hat. Niemand hat Schuld.

Wichtiger und viel besser ist es, zu fragen: Wie kann ich dem Kranken helfen? Neben einem Arzt können ihn nämlich vor allem Familie oder Freunde unterstützen – auch wenn das manchmal anstrengend ist. Sie können ihn möglichst „normal" behandeln, denn meistens wollen Depressive keine Extrawurst. **Sie können versuchen, den Kranken zu motivieren. Sie können zuhören. Oder anders ausgedrückt: Sie können einfach für ihn da sein.**

WIR KÖNNEN ALSO FESTHALTEN:

Traurigkeit ist echt kein schönes Gefühl und kann in ganz unterschiedlicher Form und Intensität auftreten. Aber gleichzeitig ist Traurigkeit auch total wichtig und notwendig, um das, was den Schmerz in uns ausgelöst hat, zu verarbeiten. Nur wenn wir die Traurigkeit zulassen, schließt sich unsere innere Wunde und wir können wieder froh und glücklich werden. **Wie schön also, dass es Traurigkeit gibt.**

Wenn du traurig bist und dich das Gefühl gar nicht loslässt, sind Mandalas eine gute Möglichkeit, damit klarzukommen.

Das Ausmalen von Mandalas beruhigt. Noch besser ist es sogar, wenn du sie selbst malst.

Zeichne einen Kreis, vielleicht mithilfe eines Tellers oder Zirkels, und dann male einfach drauflos. Es können ganz einfache Formen sein, wichtig ist vor allem, dass du nicht groß nachdenkst dabei. Denn dann kommt die Traurigkeit, die du in dir hast und fühlst, durch den Stift in deiner Hand aufs Papier – und somit ein wenig aus dir raus.

Jetzt kommt eine Basisemotion, die richtig unangenehm sein kann:

ANGST

Vor irgendwas hat jeder Schiss. Manche vor der Dunkelheit, manche vor zu großer Höhe. Andere haben Angst vor Hunden und wieder andere vor Insekten. Ich zum Beispiel hab Mega-Schiss vor Ratten und Kakerlaken. Und so sieht Angst aus:

Auf ängstigende Situationen reagiert der Mensch normalerweise mit drei Verhaltensweisen: Erstarren, Flucht oder Angriff. Solange die Möglichkeit eines Ausweges vorhanden ist, bleibt das Angstlevel niedrig. Doch je aussichtsloser die Situation ist, desto krasser geht es in unserem Körper ab. Und wenn das ganz plötzlich kommt, sprechen Wissenschaftler dann von Panik.

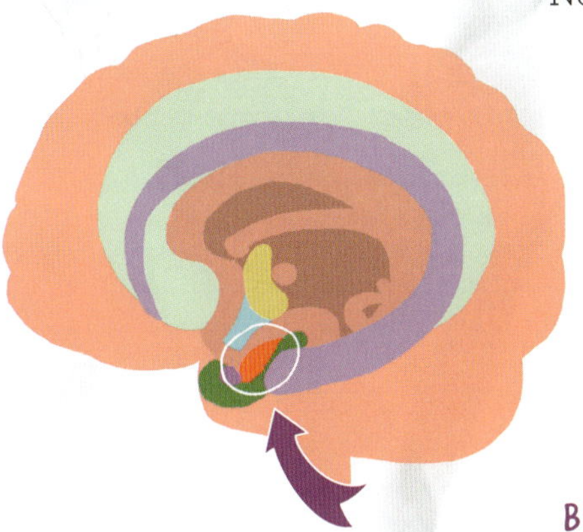

Noch bevor wir eine Gefahr so richtig wahrgenommen haben, sendet das Nervensystem schon ein **Warnsignal** an unser Gehirn. Dort kommt das Signal in der **Amygdala** an.

Amygdala ist griechisch und heißt Mandel. Einfach weil es ein bisschen wie eine Mandel aussieht. Von der Amygdala wird sofort ein Befehl an unsere Nebennieren gesendet, Adrenalin auszustoßen. **Deshalb schlägt unser Herz schneller, pumpt mehr Blut durch unsere Adern und wir fangen an zu schwitzen.**

Unser ganzer Körper ist jetzt in Alarmbereitschaft. Wir können schneller und besser auf die Gefahr reagieren. All das passiert unterbewusst und in kürzester Zeit. Es dauert nur Millisekunden, bis wir alarmbereit sind – schneller als ein Wimpernschlag! Ist die Gefahr dann überstanden, spendiert uns das Hirn zur Belohnung wieder ein paar Botenstoffe, die sogenannten **Endorphine. Sie lösen Glücksgefühle aus und sorgen für wohlige Entspannung.**

Manche Ängste haben wir von unseren Vorfahren aus der Steinzeit geerbt. Zum Beispiel die Angst vor Dunkelheit, plötzlichen Bewegungen oder lautem Krach.

Solche Urängste waren für die Steinzeitmenschen überlebenswichtig. Denn wer sich vor Lärm, zum Beispiel bei Donner, nicht gefürchtet hat, den konnte leicht der Blitz treffen. Und plötzliche Bewegungen im Gebüsch konnten heißen: Achtung, ein Säbelzahntiger! **Angst rettet also unser Leben.**

Viele Ängste entwickeln wir erst im Laufe unseres Lebens. Manche übernehmen wir von unseren Verwandten, Freunden oder auch aus Filmen, manchmal haben wir aber auch selber was Blödes erlebt. Es bedeutet aber zum Glück nicht, dass man sein Leben lang vor etwas Angst haben muss: **Je mehr man über seine Angst rausfindet, desto weniger schlimm wird sie.**

Manche Menschen haben aber auch Angst vor Sachen, die eigentlich alltäglich und im Grunde ganz ungefährlich sind. Zum Beispiel, jemandem die Hand zu schütteln. Oder sie haben **Angst vor engen Räumen oder großen Menschenansammlungen.**

Wissenschaftler nennen so was eine **Phobie**. Auch vor **Schlangen** und **Spinnen** kann man eine Phobie haben.

Bei Phobien ist die Angst manchmal so stark, dass man den Alltag überhaupt nicht mehr geregelt kriegt. Die Menschen trauen sich dann nicht mehr an bestimmte Orte oder sogar nicht mehr vor die Tür! Und wenn das so ist, dann gilt die Phobie als eine **Krankheit**.

Das heißt nicht, dass man dagegen nichts machen kann. Im Gegenteil: **Man kann sich Hilfe holen, zum Beispiel von einem Psychologen. Der hilft einem, sich der Angst zu stellen, damit man die Phobie nach und nach überwindet.**

Manche Menschen haben also vor ganz normalen Sachen Angst, andere wiederum fürchten sich vor etwas, das es gar nicht gibt: vor Geistern, Werwölfen, Zombies oder Hexen zum Beispiel.

Hexen hat es nie gegeben. Dennoch glaubten vor vielen Hundert Jahren fast alle Menschen daran und hatten wahnsinnig Angst vor ihnen. **Sie glaubten, Hexen hätten einen Vertrag mit dem Teufel.**

Deswegen haben sie Hexen auch für jedes Unglück verantwortlich gemacht: Wenn die Tiere im Stall krank wurden oder die Ernte verfaulte, war die Hexe mit ihren Zaubersprüchen schuld. Eine Hexe hatte in Wahrheit natürlich gar nichts damit zu tun, aber die Leute haben einen **Sündenbock** gebraucht, also jemanden, dem sie die Schuld für ihr Unglück geben konnten. **Superunfair!** Im Falle der Hexen wurden meist ganz normale Frauen beschuldigt, die vielleicht etwas anders aussahen oder die sich gut mit Kräutern auskannten. **Die Angst vor ihnen war so groß, dass viele „Hexen" sogar auf dem Scheiterhaufen verbrannt wurden!**

Auch im Märchen kommen immer wieder Hexen vor. Dort verkörpern sie immer das Böse und werden als besonders hässlich dargestellt, damit du sie auch als etwas Böses erkennen kannst. Wie bei Hänsel und Gretel zum Beispiel. Durch das Weitererzählen der Märchen über die Jahrhunderte haben eben auch heute noch immer viele Menschen Angst davor – auch wenn klar ist, dass es Hexen nie gegeben hat. Inzwischen gibt es aber auch viele Geschichten über gute Hexen.

Trotzdem finden wir natürlich gerade in Filmen oft noch immer klassische Hexen, vor denen wir uns so richtig schön gruseln können.

Denn manchmal macht die Angst uns auch Spaß. Aber woran liegt das eigentlich?

Das check ich für euch!

Checker FRAGE?

Wieso gruseln wir uns manchmal gerne?

Wenn wir in der Geisterbahn sitzen und uns beim Gruseln wohlige Schauer den Rücken hinablaufen, erleben wir immer wieder kleine Angstzustände und kurz darauf Erleichterung. Diese Mischung macht den **Spaß am Gruseln** aus. **Wissenschaftler haben sogar ein Wort dafür: Angstlust.**

Unser Körper sendet Angstsignale an unser Gehirn. Dort sitzt aber nicht nur die Amygdala – die Mandel, ihr wisst schon –, sondern noch etwas anderes: unser Verstand. Und der stellt fest, dass es gar keinen Anlass gibt, um unser Leben zu rennen oder zu kämpfen.

Der Verstand gibt daraufhin Entwarnung, dass die Gefahr überstanden ist. Der Körper fährt wieder runter und wir entspannen uns. Die Voraussetzung für den Genuss gruseliger Situationen ist also ein grundsätzliches Gefühl der Sicherheit.

Die vermeintliche Gefahr lässt uns nur dann schaudern, wenn wir im Grunde unseres Herzens wissen, dass es gut ausgehen wird. Und das fühlt sich dann gut an.

FRAGE gecheckt!

Wie viel Spannung man gruselig findet, hängt von vielen Dingen ab: vom Alter und der persönlichen Entwicklung, aber auch vom Temperament und der Persönlichkeit.

Manchmal setzen wir uns aber auch körperlich ganz bewusst Situationen aus, vor denen wir Angst haben. Zum Beispiel im Schwimmbad, wenn der Sprungturm geöffnet ist. Obwohl du Schiss hast, gehst du hoch. Dann stehst du da. Ganz allein. Und du hast das Gefühl, dass das ganze Schwimmbad nur auf dich schaut. Aber das Brett ist so verdammt dünn. **Und es geht soooo tief runter …**

Naaa? Traust du dich oder nicht?

Ob ich mich getraut habe, verrate ich euch nachher. Aber kann man überhaupt etwas gegen Angst tun?

Das check ich für euch!

Checker FRAGE?

Was kann ich gegen Angst tun?

Im Schwimmbad habe ich mich mit Kevin getroffen. Er ist **Turmspring-Trainer** und kennt sich bestens damit aus. Er hat mir erklärt, dass das Ziel beim Überwinden von Angst nicht ist, sie komplett loszuwerden. Vielmehr geht es darum, wie du trotz der Angst eine für dich wichtige Situation bewältigen kannst.

Um deine Angst zu überwinden, musst du dich der Angst stellen. Natürlich kannst du auch einfach versuchen, jede Situation zu vermeiden, in der du Angst hast. Das Problem dabei ist nur, dass die Angst dann nicht verschwindet, sondern immer größer und gefestigter wird. **Also nur Mut!**

Das Beste, wenn du dich deiner Angst stellst, ist die Tatsache, dass sie irgendwann von alleine nachlässt. Ehrlich! **Wenn die Angst ihren Höhepunkt erreicht hat, wird sie automatisch weniger.** Das nennt man „Adaptionsprinzip“. Es ist nur eine Frage der Zeit, wann das passiert. Aber es tritt auf jeden Fall ein.

Allerdings kannst du die Sache beschleunigen! Erst mal ist es wichtig, zu akzeptieren, dass du Angst hast. Ängste gehören zum Leben dazu, und es ist völlig okay, Angst zu haben. **Es hilft auch, wenn du verstehst, wovor du überhaupt Angst hast.** Denn meistens hat man nicht vor der Sache selber Angst, sondern denkt sich irgendwelche schlimmen Dinge aus, die passieren könnten – und vor denen hat man dann Angst. Wenn du zum Beispiel Schiss vor einer Mathe-Prüfung hast, hast du nicht Angst vor den Zahlen, sondern davor, eine schlechte Note zu kriegen, sitzen zu bleiben oder Stress mit deinen Eltern zu bekommen.

Das Coole ist, dass du solche bedrohlichen Gedanken positiv umformulieren kannst, sodass sie nicht mehr bedrohlich wirken. Schnapp dir einen Zettel und einen Stift und versuche aufzuschreiben, wovor du Angst hast.

Dann drehst du diese Begriffe einfach in positive Gedanken um. Vor der Prüfung könnte das sein:

Ich darf zeigen, was ich alles gelernt habe.

Mal schauen, was passiert.

Von einer schlechten Note geht die Welt auch nicht unter.

Plötzlich wirkt die Mathe-Prüfung dann gar nicht mehr so bedrohlich und du kannst sie viel gelassener angehen.

FRAGE gecheckt!

Je mehr du über das weißt, was dir Angst macht, desto kleiner wird sie.

Ich hab das selbst erlebt. **Ich hab zum Beispiel Mega-Schiss vor Spinnen.** Und weil mir Tierhalterin Tanja, die Besitzerin dieser Vogelspinne, ganz viel über Spinnen erklärt hat, konnte ich meine Angst überwinden. Ich hab verstanden, dass sie eigentlich gar nicht gefährlich sind, und am Ende habe ich sie dann tatsächlich sogar über meine Hand krabbeln lassen!

Wenn wir in solch einer Situation sind, in der wir unsere **Angst überwinden** müssen, nennt man das auch **Mutprobe**. Durch Mutproben lernen wir zudem, unsere **Grenzen auszutesten**. Das viele Adrenalin sorgt für einen richtigen Kick in dir drin, der es dir ermöglicht, über dich hinauszuwachsen und **Erfolgserlebnisse** zu sammeln. **So wie ich mit der Spinne.**

Ich war so megastolz auf mich hinterher! Ich hätte nie gedacht, dass ich mich das traue!

Das Problem bei Mutproben ist oft, dass du sie eigentlich gar nicht machen willst, sondern von anderen dazu gedrängt wirst. Dann hast du nicht nur Angst vor der Probe an sich, sondern es kommt auch noch **Angst vor der Reaktion der anderen** dazu, und du schämst dich.

Viele Mutproben sind zwar harmlos, aber vor allem ältere Kinder und Jugendliche kommen auf immer wildere Ideen. In sozialen Netzwerken rufen zum Beispiel oft Gleichaltrige dazu auf, an **„Internet-Challenges"** teilzunehmen. Viele dieser Challenges sind lustig, doch manchmal überschreiten sie auch die Grenzen und sind richtig gefährlich. Bei einer Selfie-Challenge beispielsweise haben junge Menschen Fotos von sich an immer verrückteren und gefährlicheren Orten gemacht, um sich gegenseitig zu beeindrucken. **Das führte dann zu einigen Unfällen und schlimmen Verletzungen.** Sie wollten ganz besonders mutig sein und sich mit anderen messen.

Solche Mutproben sind aber nicht mutig, sondern einfach nur bescheuert! Also auf keinen Fall bei so was mitmachen!

Ein viel besserer Weg, sich mit Gleichaltrigen zu messen, ist eine **Wettkampfsportart** oder ein anderes Hobby wie Klettern oder Parkour. **Auch dabei geht es darum, Mut zu beweisen und Grenzen zu überwinden.**

So wie auf dem **Zehn-Meter-Turm** in einem Schwimmbad zum Beispiel. Ihr erinnert euch?

Was glaubt ihr – hab ich meine Angst überwunden und bin gesprungen?

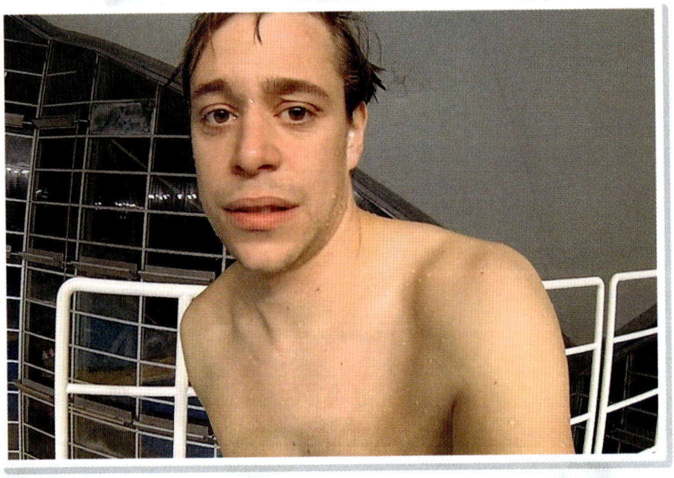

Nein. Bin ich nicht. An dem Tag war mir das einfach zu heftig. Also bin ich einfach wieder runtergeklettert. Und was soll ich sagen: Nichts war peinlich und keiner hat gelacht. **Denn Angst zu haben, ist völlig okay.** Trotzdem hab ich mir fest vorgenommen, es wieder zu versuchen.

Irgendwann schaffe ich das!

DAS MUTMACHLIED

Etwas, das auch super gegen Angst hilft, ist Singen. Wenn ein Mensch singt, ist es seinem Gehirn unmöglich, gleichzeitig Angst zu produzieren. Der Bereich in unserem Gehirn, der dafür zuständig ist, ist dann blockiert. Cool, oder? Hier hab ich einen besonders passenden Song für euch: Das „Kindermutmach-Lied“ von Andreas Ebert.

2. Wenn einer sagt: „Ich brauch dich, du;
ich schaff es nicht allein“,
dann kribbelt es in meinem Bauch,
ich fühl mich nicht mehr klein.
Refrain

3. Wenn einer sagt: „Komm, geh mit mir;
zusammen sind wir was“,
dann werd ich rot, weil ich mich freu,
dann macht das Leben Spaß.
Refrain

Piff! Peng! Paff! Baaam!

ÜBERRASCHUNG

Das Gefühl der Überraschung stellt sich ein, wenn etwas Unerwartetes oder Unvorhergesehenes passiert: also zum Beispiel, wenn du ein Geldstück auf der Straße findest, oder dein nerviger, kleiner Bruder mal nett zu dir ist.

Sobald die Gewöhnung an die Neuigkeit einsetzt, nimmt das Gesicht eine andere Mimik an. Entweder freuen wir uns über die Überraschung oder wir lehnen sie ab: Wir ekeln uns, sind wütend oder enttäuscht. Daher sind echte Fotos von überraschten Menschen superschwer zu machen. Ich hab es trotzdem mal versucht.

Die Oberlider und die Augenbrauen werden gleichzeitig stark angehoben, dabei bleiben die unteren Lider entspannt.

Wir machen also wirklich „große Augen".

Während einer Überraschung ist die gesamte untere Gesichtsmuskulatur locker, der Unterkiefer klappt herunter und die Verblüffung wird sofort sichtbar.

Große Augen machen wir, damit mehr Licht an die Netzhaut gelangt und wir mehr Infos von diesem für uns undurchsichtigen (also überraschenden) Moment bekommen. Wir bringen im wahrsten Sinne Licht ins Dunkel. Dabei schlägt unser **Herz langsamer**, die **Atmung wird tiefer** und wir führen irgendeine **spontane Reaktion** aus: Wir kreischen, erröten, lachen oder zucken. Hängt eben ganz davon ab, wie wir die Überraschung finden.

Überraschung bewirkt, dass in unserem Gedächtnis alles in den Hintergrund rückt, was es gerade nicht braucht, um auf den unerwarteten Reiz angemessen zu reagieren: Wir werden aufmerksam und neugierig. **Überraschung erlebst du immer nur megakurz. Nur für den Bruchteil einer Sekunde. Damit ist sie nicht nur die einzige Emotion mit einer festen Dauer, sondern auch die mit Abstand kürzeste.**

Viele Menschen lieben Überraschungen und wollen möglichst oft überrascht werden. Was man dafür machen muss und wie es ist, andere Menschen zu überraschen als Beruf zu haben, darüber habe ich mich mit dem Clown Tonito unterhalten.

Als Clown überrascht er Menschen auf lustige Art und Weise. Das geht aber nur, wenn er ein paar Dinge beachtet. Das Wichtigste dabei ist eine **Pointe.** Das Wort habt ihr vielleicht schon mal im Zusammenhang mit Witzen gehört.

Aber was ist das eigentlich genau?

Das check ich für euch!

Checker FRAGE?

Was ist eine Pointe?

Tonito ist Clown, genau wie sein Vater es war. Und sein Großvater. Und sogar sein Urgroßvater! Seit Generationen gibt es nur Clowns in der Familie. Wenn sich also jemand mit Überraschungen auskennt, dann er.

Um mir zu zeigen, wie Überraschung funktioniert, hat er mit mir ein kleines Experiment gemacht. Er hat ein rohes Ei in die Luft geworfen und wollte es mit einem Teller auffangen.

Klar, dass das Ei kaputtgehen würde!

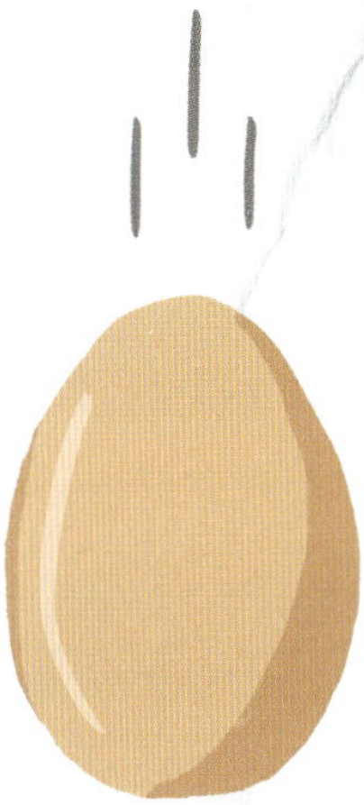

Das hatte ich mir komplett anders vorgestellt. Ich war also überrascht. **Denn eine echte Überraschung tritt nur dann auf, wenn etwas absolut Unerwartetes passiert.** Und genau dies machen sich zum Beispiel Geschichtenerzähler, Filmemacher oder eben auch Clowns wie Tonito zunutze, um uns an der Nase herumzuführen: Sie spielen mit unseren Erwartungen. Sie lassen uns denken, wir wissen, was passiert – nur um dann am Ende gezielt etwas ganz anderes passieren zu lassen. **Diese unerwartete Wendung nennt man Pointe.** So wie Tonito mit dem Ei.

Ich wusste nicht, dass das gar kein echtes Ei war, sondern eines aus Stein. Er natürlich schon. **Er hat also ganz gezielt meine Erwartung ausgenutzt, konnte mich so überraschen und zum Lachen bringen.**

Ohne diesen Überraschungseffekt gäbe es zum Beispiel auch keine Witze. Das merkst du daran, wenn dir jemand einen Witz erzählt, den du nicht lustig findest. Die Chance ist hoch, dass du dann die Pointe nicht verstanden hast – oder es schlicht und ergreifend keine gab.

FRAGE gecheckt!

Die Pointe ist sozusagen der Witz am Witz.

Neben der Pointe gibt es aber auch noch andere Möglichkeiten, mit bewusst herbeigeführten Überraschungen zu unterhalten. **Zum Beispiel mit Illusionen. Und was ist das nun wieder?**

Das check ich für euch!

Checker FRAGE?

Was ist eine Illusion?

Marc und Alex treten als Zauberer auf – und sie leben davon, ihre Zuschauer mit Illusionen zu faszinieren. Die beiden haben mich mit einem Supertrick überrascht:

Sie haben vor meinen Augen eine Kiste schweben lassen!

Wie der Trick funktioniert, haben sie mir leider nicht verraten. Denn davon lebt ja der Zauber. Von der **Illusion.** Das heißt, dass mir etwas vorgetäuscht wird, was in Wahrheit aber ganz anders ist.

Ein uralter, ganz berühmter Zaubertrick ist zum Beispiel der „Zersäge-Trick“. Bei dem steigt eine Person in eine Kiste und wird in der Mitte durchgesägt. Habt ihr vielleicht ja schon mal gesehen. Ich erkläre euch jetzt mal, wie der geht.

Irre, oder?

Damit die Illusion funktioniert, muss der Trick natürlich gut vorbereitet sein. Die Person steckt nämlich in Wahrheit von Anfang an nur in einer der Kisten. Auf der anderen Seite kauert sich entweder eine zweite Person, oder die Beine, die ihr seht, sind gar nicht echt und werden im passenden Moment so hingeschoben, dass es aussieht, als wären sie es. Wenn die Person am Ende wieder aus der Kiste steigt, als wäre nichts gewesen, dann stimmt das auch wirklich: Es ist nichts gewesen!

Die Säge hat schlicht und ergreifend gar nichts zersägt. Auch wenn wir das natürlich die ganze Zeit geglaubt haben.

Der Zersäge-Trick ist eben eine perfekte Illusion: Mir wurde etwas vorgetäuscht, das in Wahrheit ganz anders ist.

FRAGE gecheckt!

Wenn bei solchen Sinnestäuschungen nur das Auge betroffen ist, spricht man übrigens von **optischen Täuschungen.** Berühmt sind diese Beispiele:

Der unmögliche Würfel

Im „Hermann-Gitter" erscheinen schwarze Punkte, die gar nicht da sind.

Bei der „Pinna-Illusion" scheinen sich die Kreise zu bewegen, wenn ihr euch vor- und zurückbewegt.

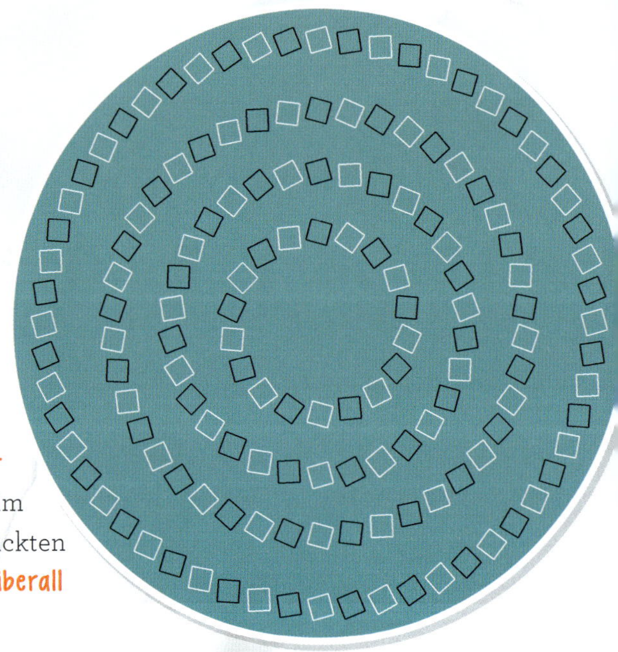

Cool, oder?

Der Versuch zu überraschen findet sich natürlich auch im Alltag. Sei es durch Werbung, beim Geburtstagsgeschenk oder dem selbst gepflückten Blumenstrauß für deine Mutter. **Ständig und überall will jemand jemand anderen überraschen.**

Aber warum machen wir das?

Warum wollen Menschen andere Menschen überraschen? Eine Möglichkeit ist: Wir wollen anderen eine Freude machen. Es kann aber auch sein, dass wir gezielt die Überraschungstaktik anwenden. Und was ist das?

Das check ich für euch!

Checker FRAGE?

Was ist eine Überraschungstaktik?

Das Wort „Taktik“ stammt aus dem Alt-Griechischen und bedeutet „Die Kunst, ein Heer in eine Schlachtordnung zu stellen“. Besonders gut und humorvoll kannst du das bei Asterix und Obelix sehen, wenn sich die Römer mal wieder besonders kunstvoll vor dem gallischen Dorf aufgebaut haben.

Sie wenden verschiedene Taktiken an, um Gallien zu erobern. Es geht bei Taktik also immer um die Antwort auf die Frage:

„Wie kann ich mein Ziel erreichen?“

Bei einer Überraschungstaktik wollen wir den Gegner kurz verwirren, um den Moment der Unachtsamkeit zu nutzen und uns so einen Vorteil zu verschaffen.

Eine ganz besonders berühmte Überraschungstaktik stammt aus der griechischen Mythologie: das Trojanische Pferd. In dieser Erzählung wurde die Stadt Troja jahrelang von griechischen Soldaten belagert.

Nachts waren dann plötzlich alle Griechen verschwunden! Vor den Stadttoren stand lediglich noch ein großes hölzernes Pferd.

Die Trojaner wunderten sich, rollten das Pferd hinein – und tappten somit in die Falle! **Denn im Bauch des Pferdes hatten sich griechische Soldaten versteckt.** Von dort starteten sie nachts ihren Angriff und konnten so die völlig überraschten Trojaner besiegen.

Auch im Sport sind Überraschungstaktiken übrigens total wichtig. Egal ob beim Fußball, Boxen oder Fechten – es geht immer darum, den Gegner zu überraschen, um den kurzen Moment der Verwirrtheit zu nutzen und sich so einen entscheidenden Vorteil zu verschaffen. **Die Wahrscheinlichkeit, zu gewinnen, steigt so einfach um ein Vielfaches an.**

FRAGE gecheckt!

Wenn ich also ein Ziel habe und das auf überraschende Weise erreichen will, nennt man das Überraschungstaktik.

Du kannst es ja mal selbst ausprobieren: Wenn du mit deinen Eltern das nächste Mal im Sommer an einer Eisdiele vorbeikommst und du unbedingt ein Eis willst, versuche es doch einfach mal mit: „Mama, Papa, darf ich euch auf ein Eis einladen?“ Die Chancen stehen gut, dass sie überrascht Ja sagen – und dann trotzdem das Eis zahlen.

Das Problem dabei ist nur: Echte Überraschungen funktionieren nur ein einziges Mal. Für das nächste Mal musst du dir dann also eine andere Überraschung überlegen …

ÜBERRASCHUNGSEIER

Das erste Überraschungsei wurde 1974 in Italien verkauft.

Doch nicht nur bei Kindern sorgen sie seitdem für Spiel, Spaß und Spannung – auch bei Erwachsenen, die die Figuren sammeln.

Als bisher teuerste Figur gilt die fehlerhafte Figur des „Nachtwächter-Schlumpfs“ von 1983 im Wert von 12 000 Euro.

Überraschungseier erfreuen sich inzwischen also weltweiter Beliebtheit – außer in Amerika. Dort ist der Verkauf per Gesetz verboten, weil sich in Süßigkeiten keine nicht essbaren Gegenstände befinden dürfen.

REZEPT FÜR GLÜCKSKEKSE

Eine schöne Möglichkeit, deine Freunde oder Familie zu überraschen, sind Glückskekse, eine chinesische Spezialität.

In jedem dieser Kekse steckt ein kleiner Papierstreifen, auf dem ein lustiger Spruch oder ein Wunsch zu lesen ist. Oft wird auch die Zukunft vorhergesagt. Damit sorgst du nicht nur für eine leckere Überraschung, sondern auch für gute Stimmung.

Und so geht's.

Zutaten:
- 40 g weiche Butter
- 1 Eiweiß
- 50 g Puderzucker
- 1 Päckchen Vanillezucker
- 50 g Mehl
- 1 Prise Salz
- vorbereitete kleine Nachrichten, Wünsche, etc.

1. Den **Ofen** auf 175 Grad Celsius vorheizen und auf Umluft stellen.
2. Alle aufgeführten **Zutaten** miteinander zu einem **Teig** verrühren. Das Mehl kommt dabei zuletzt.
3. **Backpapier** auf ein **Backblech** legen, den Teig mit einem Löffel kreisförmig verteilen und glatt streichen. Der Durchmesser des Kreises sollte etwa **7–8 cm** betragen, ungefähr wie ein großes Glas.
4. Die Kekse müssen **5 Minuten** backen. Sobald die Ränder goldbraun werden, ist der perfekte Zeitpunkt, die Kekse aus den Ofen zu holen.
5. Nach dem **Backen** musst du **flink sein:** Nimm die vorbereiteten **Zettel** und leg sie in die Mitte des Kekses. Klappe den Teigling jetzt einmal zusammen, so dass du einen **Halbkreis** erhältst. Dann knickst du sie noch einmal vorsichtig in der Mitte um.
6. Nachdem die Form starr ist, solltest du die Kekse in einer **luftdichten Dose** verstauen, damit sie nicht matschig werden.

Viel Spaß und Guten Appetit!

Unser letztes Kapitel ist für ein ganz besonderes Gefühl reserviert:

LIEBE

Liebe gehört zwar streng genommen nicht zu den Basisemotionen, ist aber eines der schönsten und größten Gefühle, die man so haben kann.

Ein Blick von unten signalisiert dem Gegenüber: Du gefällst mir.

Liebe kann man meistens in den Augen sehen. Der Blick ist warm und herzlich.

Wenn wir jemanden ansehen, den wir lieben, lächeln wir oft weich.

Liebe hat auch keinen eigenen, speziellen Gesichtsausdruck. Auch ein Merkmal, weswegen Liebe für die Forscher nicht zu den sogenannten Basisemotionen zählen kann.

Liebe ist toll. Wenn man liebt, ist einem leicht ums Herz, man fühlt sich stark und froh und möchte die ganze Welt umarmen. Du kannst deine Familie lieben und deine Freunde, deinen Hund oder sogar Fußball.

Und dann gibt es da noch die Liebe zwischen Mann und Frau. Oder Frau und Frau. Oder Mann und Mann. Diese Art der Liebe spüren wir oft zum ersten Mal, wenn aus Kindern Erwachsene werden – also in der Pubertät. Dann finden sich Jungs und Mädchen auf einmal nicht mehr doof, sondern irgendwie interessant. **Vielleicht kribbelt es im Bauch, und man ist ganz aufgeregt, wenn der andere in der Nähe ist.**

Und dann gibt es natürlich auch die Liebe zwischen Eltern und ihren Kindern. Und die Liebe unter Geschwistern. Das alles sind unterschiedliche Formen von Liebe. Da stellt sich natürlich die Frage:

→ Was ist das eigentlich, Liebe?

Schon viele Menschen haben versucht zu klären, was Liebe genau ist. Manche Forscher behaupten, dass es Liebe, wie wir sie uns vorstellen, gar nicht gibt. Für sie ist es lediglich ein sogenannter **biochemischer Prozess,** also ein Zusammenspiel von verschiedenen **Emotionen** und **Hormonen.**

Manche Wissenschaftler behaupten, dass es nur das Bedürfnis nach **Fortpflanzung und Arterhaltung** ist, das allen Menschen innewohnt. Also ein **Trieb,** der dafür sorgen soll, dass die Menschheit weiter existiert, indem wir für Nachwuchs sorgen.

Andere Menschen sehen in der Liebe gleich **den Sinn des ganzen Lebens** und wieder andere beschäftigen sich seit Jahrtausenden mit der Liebe in künstlerischer Form: Es gibt unzählige Lieder, Filme, Malereien oder Theaterstücke, in denen es um Liebe geht. Ihr merkt also:

Liebe ist groß!

Liebe ist so was von groß – im alten Rom hatten sie sogar einen eigenen Gott dafür! Ehrlich! Sein Name war **Amor** und er war nur für die Liebenden zuständig. **Er wird meist als Junge dargestellt und hat immer Pfeil und Bogen dabei.**

Denn das ist auch eine Besonderheit der Liebe: Wenn dich Amors Pfeil trifft, bist du verliebt und kannst an nichts anderes mehr denken als an den geliebten Menschen. Abgefahren, oder? **Aber was passiert denn da genau in uns?**

Das check ich für euch!

Checker FRAGE

Was passiert im Körper, wenn wir verliebt sind?

Dazu habe ich mich mit der Ärztin Anja getroffen. Sie weiß alles über den Körper und sagt, **„verliebt sein" ist für den Körper wie Achterbahnfahren!**

Das wollte ich natürlich sofort selber erleben. Also haben wir im Vergnügungspark ein kleines **Experiment** gemacht. Mit einer Pulsuhr wurde mein Herzschlag während der Fahrt gemessen und mit Löschpapier danach geprüft, ob meine Hände geschwitzt hatten.

Und ich kann euch sagen: Mein Herz raste! Mein Puls war fast doppelt so hoch wie normal! Und auch meine Hände waren voll schwitzig. Es war ein ganz komisches Gefühl: Ich hatte Schiss und gleichzeitig auch immer mega Bock. So fühlt sich also verliebt sein an?

Zumindest ein bisschen. Wenn wir jemanden toll finden und uns verlieben, dann startet in unseren Köpfen ein ganzes Liebes-Programm, interessanterweise ganz ähnlich zur Basisemotion Angst: Adrenalin wird ausgeschüttet und versetzt unseren Körper in Alarmbereitschaft. Dazu kommt aber noch Dopamin, eine Art natürliches Aufputschmittel. Und dann kommt das Beste: die Botenstoffe Endorphin, das sogenannte Glückshormon, und Cortisol.

FRAGE gecheckt!

Und diese wilde Mischung sorgt dann dafür, dass wir wie auf Wolken schweben und die Welt durch eine rosarote Brille sehen.

Wir nehmen gar keine Fehler mehr wahr, sondern alles ist super! Darüber hinaus sind wir häufig auch noch aufgedreht, können kaum schlafen und sind so nervös, dass wir keinen Bissen hinunterbringen.

Wir denken nur noch an die Liebe. Die nächste Klassenarbeit? Unwichtig! Der Geburtstag der Oma? Leider vergessen! Ihr erinnert euch: Wen Armors Pfeil trifft, um den ist es geschehen.

Verliebt zu sein, ist also obermegacool – aber auch voll anstrengend. Das hält kein Mensch lange durch. Immerhin müssen wir ja auch noch unseren Alltag geregelt kriegen. Vielleicht hört auch deshalb diese Phase nach ein paar Monaten, meistens aber nach zwei Jahren wieder auf. Wenn man aber ganz viel Glück hat, **wandelt es sich in Liebe um.** Dafür sind die sogenannten **Kuschelhormone** verantwortlich: **Vasopressin und Oxytocin.**

Diese Botenstoffe sind wie eine Art Klebstoff, der Liebende aneinander bindet und dafür sorgt, dass sie sich treu sind. Das ist übrigens eine Seltenheit in der Natur. **Nur drei Prozent aller Säugetiere, also auch wir Menschen, leben in festen Paarbeziehungen!**

OXYTOCIN ...

Dieses Hormon sorgt im Gehirn für zwischenmenschliches Vertrauen, wirkt schmerzhemmend und beschleunigt die Wundheilung. Daher wird es auch während einer Geburt und in der Stillzeit vermehrt ausgeschüttet.

Liebe ist also 'ne große Sache: selten, kostbar und einfach verdammt cool, wenn sie passiert.

Aber wieso passiert sie überhaupt?

Das check ich für euch!

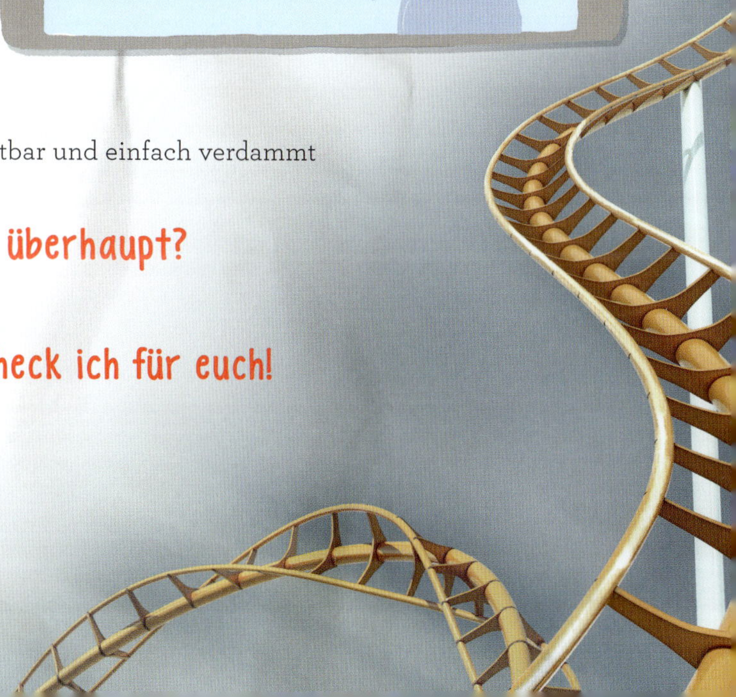

Checker FRAGE

Warum verlieben wir uns überhaupt in jemanden?

Auch bei dieser Frage konnte mir Anja helfen. Natürlich, wie das bei komplizierten und seltenen Dingen so ist, müssen verschiedene Sachen zusammenkommen, damit das klappt mit dem Verlieben. Sonst wäre es ja voll einfach. Wir würden uns die ganze Zeit verlieben und es wäre gar nichts **Besonderes** mehr.

Zum einen spielt das Aussehen eine Rolle. Wir verlieben uns in Menschen, die wir schön finden. Da jeder einen anderen Geschmack hat und etwas anderes schön findet, ist hier für jeden was dabei und **alle haben eine Chance.**

Wichtig ist außerdem der Geruch. Vielleicht kennst du ja den Spruch „Den kann ich nicht riechen“, wenn man jemanden nicht leiden kann. Umgekehrt stimmt er aber auch. Denn wir verlieben uns in Menschen, die für uns gut riechen. Damit meine ich jetzt nicht, ob du mal wieder die ganze Woche nicht geduscht oder heimlich das Parfum deiner Eltern probiert hast, sondern deinen ganz eigenen Geruch, den andere nur unbewusst wahrnehmen. Verantwortlich dafür sind auch wieder **Botenstoffe:** die sogenannten **Pheromone.**

PHEROMONE ...

Der Begriff setzt sich aus den griechischen Wörtern „pherein“ (tragen) und „Hormon“ zusammen. Sie werden von Wirbeltieren und wirbellosen Tieren in speziellen Zellen oder Drüsen gebildet. Dieser chemische Botenstoff wird nicht über die Blutbahn, sondern außerhalb des Körpers über die Haut abgegeben und breitet sich in der Luft aus.

Durch sie nimmt unser Körper wahr, ob ein Mensch jemanden gut riechen kann oder nicht. Eine Frau erkennt am Geruch, ob der Mann jemand ist, mit dem sie gesunde Kinder haben kann. Abgefahren, oder? Denn ob es mit dem Nachwuchs klappt, hängt davon ab, wie gut die **Erbinformationen** zusammenpassen, die wir von unseren Eltern mitbekommen. **Oft verlieben wir uns in Menschen, die uns an jemanden erinnern, den wir gerne mögen.** Und weil das meistens auf die Eltern zutrifft, verlieben sich Menschen häufig in jemanden, der einem Elternteil ähnlich ist.

Und wenn das alles stimmt, also die Augen und die Nase befriedigt sind, kommen noch andere Dinge ins Spiel. Vielleicht kennst du ja das geflügelte Wort **„Gleich und Gleich gesellt sich gern."** Besonders häufig verlieben sich nämlich Leute bei der Arbeit ineinander oder weil sie dieselben Hobbys teilen, den gleichen Musikgeschmack haben oder eine gemeinsame Meinung über Politik vertreten.

Lustigerweise funktioniert das aber auch genau umgekehrt, ganz nach dem Motto: **„Gegensätze ziehen sich an."** Auch Unterschiede sorgen dafür, dass man sich verliebt. Wie im Märchen, wenn die Prinzessin den Frosch küsst. Das finden nämlich die meisten Menschen, wenn sie verliebt sind, total spannend.

Forscher denken, dass auch hier vorrangig die Natur ihre Finger im Spiel hat. Für sie spielen wieder einmal die Kinder, oder besser der Wunsch danach, die Hauptrolle: Sie glauben, dass sich Menschen unbewusst einen Partner suchen, dessen Immunsystem sich stark vom eigenen unterscheidet. **So kann der gemeinsame Nachwuchs am besten vom Erbgut der Eltern profitieren.**

FRAGE gecheckt!

Wenn die Kinder allerdings erst einmal da sind, gilt das schon wieder nicht mehr: Dann sucht der Mensch nämlich nach Verlässlichkeit, Stabilität und Sicherheit. Dann könnte sich der Frosch also schon bitte in einen Prinz verwandeln …

Die Liebe zwischen zwei Menschen ist also etwas total Besonderes und total Schönes. Aber leider kann Liebe auch total wehtun. Das nennt man dann

Liebeskummer.

Und damit meine ich nicht, dass man streitet. **Ein Streit bedeutet nicht, dass man sich nicht mehr liebt.** Denn das ist auch eine seltsame Eigenschaft der Liebe: **Über niemanden kann man sich so ärgern wie über den, den man liebt.** Aber der Ärger verfliegt dann schnell, und hinterher weiß meist niemand mehr, worum es eigentlich ging. Denn Liebende verzeihen sich fast alles. Und auch wenn sie sich gerade eben noch furchtbar gestritten haben, kann es sein, dass sie **kurz darauf schon wieder gemeinsam kuscheln und kichern.**

Bei Liebeskummer ist es anders. Liebeskummer kriegt man, wenn ein Mensch den anderen verlässt oder man unglücklich verliebt ist. Zum Beispiel, wenn man jemanden total super findet, die Liebe aber nicht erwidert wird. Und Liebeskummer ist echt ein richtig **ätzendes Gefühl.** Man kann nicht schlafen, will nix essen, fühlt sich die ganze Zeit total traurig und das Herz tut einem weh. Und das geht auch nicht einfach so vorbei, das kann manchmal auch länger dauern!

Schuld daran sind wieder die Glücks- und Kuschelhormone. Wenn eine Liebe endet oder nicht erwidert wird, dann werden auch die Hormone weniger. Und dann fühlst du dich eben nicht nach Schmetterlingen im Bauch, sondern einfach nur echt mies. Die gute Nachricht: **Das geht auch wieder vorbei.** Und dann lernst du vielleicht jemand Neues kennen und die Schmetterlinge kommen zurück.

Und wo wir gerade bei Schmetterlingen sind: **Auch die Tierwelt hat wirklich einige erstaunliche Dinge in Sachen Liebe zu bieten.** Denn nicht nur wir Menschen spielen bei dem Thema verrückt, sondern auch die **Tiere!**

Der Seidenlaubenvogel zum Beispiel sieht selbst eher unscheinbar aus. Deswegen versucht er das Weibchen auf ganz besondere Art und Weise zu beeindrucken, indem er nicht nur ein besonders kunstvolles Häuschen – eben eine Laube – aus zahllosen Ästchen und Gräsern baut, sondern es auch noch mit seiner Lieblingsfarbe dekoriert: Blau. Was gar nicht so einfach ist, denn die Farbe Blau kommt in der Natur ziemlich selten vor.

Guckt mal, so sieht das dann aus. Cool, oder? Also, wenn ich ein Seidenlaubenvogel-Weibchen wäre, ich würde voll drauf abfahren.

Wenn es bei Bibern funkt und sie sich füreinander entscheiden, dann bringt sie nichts mehr auseinander. Sie bleiben sich wirklich ein ganzes Leben lang treu.

Und ein besonders schönes Beispiel für innige Liebe zwischen Eltern und Kindern ist bei den **Bonobo-Affen** zu beobachten: Bis zu fünf Jahre werden die „Kleinen" von ihrer Mutter die ganze Zeit getragen und gesäugt. Ganz schöne Leistung, oder? Vielleicht kommt daher ja der Begriff **„affenstark" …**

Ihr seht also: **Nicht nur beim Menschen, sondern auch in der Natur** – ach, überall – **spielt die Liebe eine besondere Rolle.** Und trotzdem, obwohl sich seit Jahrtausenden so viele Menschen mit ihr beschäftigen, kann immer noch keiner so ganz genau sagen, was das eigentlich ist. Die einen sagen „so", die anderen „so" – ich sage:

Liebe ist das schönste Gefühl auf der ganzen Welt, vielleicht oder gerade weil sie so unergründbar ist.

SO, LEUTE!

Das war also ein Einblick in die Gefühlswelt. Ganz schön spannend und aufregend, oder?

Unfassbar, wie viel von unseren Gefühlen abhängt!

Dass wir ohne Gefühle quasi gar nichts auf die Reihe kriegen! Und wie cool die mit unserem Körper vernetzt sind. Wer hätte gedacht, dass ein Teil unseres Gehirns wie eine Mandel aussieht? Und dass Ekel uns vor Krankheiten schützt? Oder wie wichtig Angst und Trauer für uns sind? Ich finde das alles jedenfalls mega abgefahren.

Deswegen vielen Dank noch einmal an alle, die mitgeholfen haben, dieses Buch entstehen zu lassen. Allen Menschen, die ich dafür treffen durfte und die mir geholfen haben. Vielen Dank auch, Roberta, für dein allzeit bereites Wissen. Und vielen Dank an euch! Dass ihr euch die Zeit genommen habt, mein Buch zu lesen. Ich hoffe, euch hat's genauso viel Spaß gemacht wie mir. Nicht traurig sein, dass es jetzt vorbei ist – und wenn doch, wisst ihr ja jetzt, wie ihr damit umgeht. Und falls die Sehnsucht zu groß wird:

Checkt doch mal die anderen Bücher oder die Hörspiele. Vielleicht ist ja was für euch dabei.

Also bis bald.

Ich freu mich drauf!

Euer

Tobias Krell, geboren 1986 in Mainz, absolvierte sein Masterstudium an der Filmuniversität »Konrad Wolf« in Potsdam-Babelsberg und stand als Reporter und Filmkritiker von 2008 – 2014 für DAS DING.tv, dem jungen Programm des SWR, vor der Kamera. 2012 setzte er sich im Checker-Casting gegen 160 Mitbewerber durch. Seither hat er weit mehr als 100 Folgen »Checker Tobi« sowie diverse Sondersendungen und Spin-Offs gedreht. Für seine Arbeit als Moderator wurde er u. a. mit dem Nachwuchsförderpreis des Bayerischen Fernsehpreises ausgezeichnet (2016) und war für den Grimme-Preis nominiert (2017). Ebenfalls sehr erfolgreich lief sein Dokumentar-Kinderfilm »Checker Tobi und das Geheimnis des Planeten« 2019 in den Kinos.

Seit seinem Diplom 2009 an der Filmakademie Baden-Württemberg (Drehbuch) schreibt sich **Gregor Eisenbeiß** bemerkenswert vielfältig durch die deutsche Medienlandschaft: Kino (»Blacktape«), Serien für Kinder (»Tiere bis unters Dach«, »Die Muskeltiere«) oder für Erwachsene (»Alle Jahre wieder«, »Im Knast«, diverse Krimis) gehören genauso zu seinem Repertoire wie preisgekrönte Werbung (»Tasty Tasches«). Dafür wurde er inzwischen mehrfach ausgezeichnet, u.a. mit dem Baumhaus/Boje-Medienpreis der Akademie für Kindermedien und dem German Design Award (Gold) der Bundesrepublik Deutschland.

Nach einem Studium der Kunst- und Theatergeschichte an der Ludwig-Maximilians-Universität München absolvierte **Carolin Flammang** eine Ausbildung zur Kommunikationsdesignerin. Seitdem lebt und arbeitet sie als Grafikdesignerin, Motion Designerin und Illustratorin in München. Zu »Checker Tobi« hat Carolin einen ganz besonderen Bezug. Sie ist bereits seit einigen Jahren für die Illustrationen und Animationen in der Wissenssendung verantwortlich.

TOBI, ÄRGERE DICH NICHT! Bastelbogen

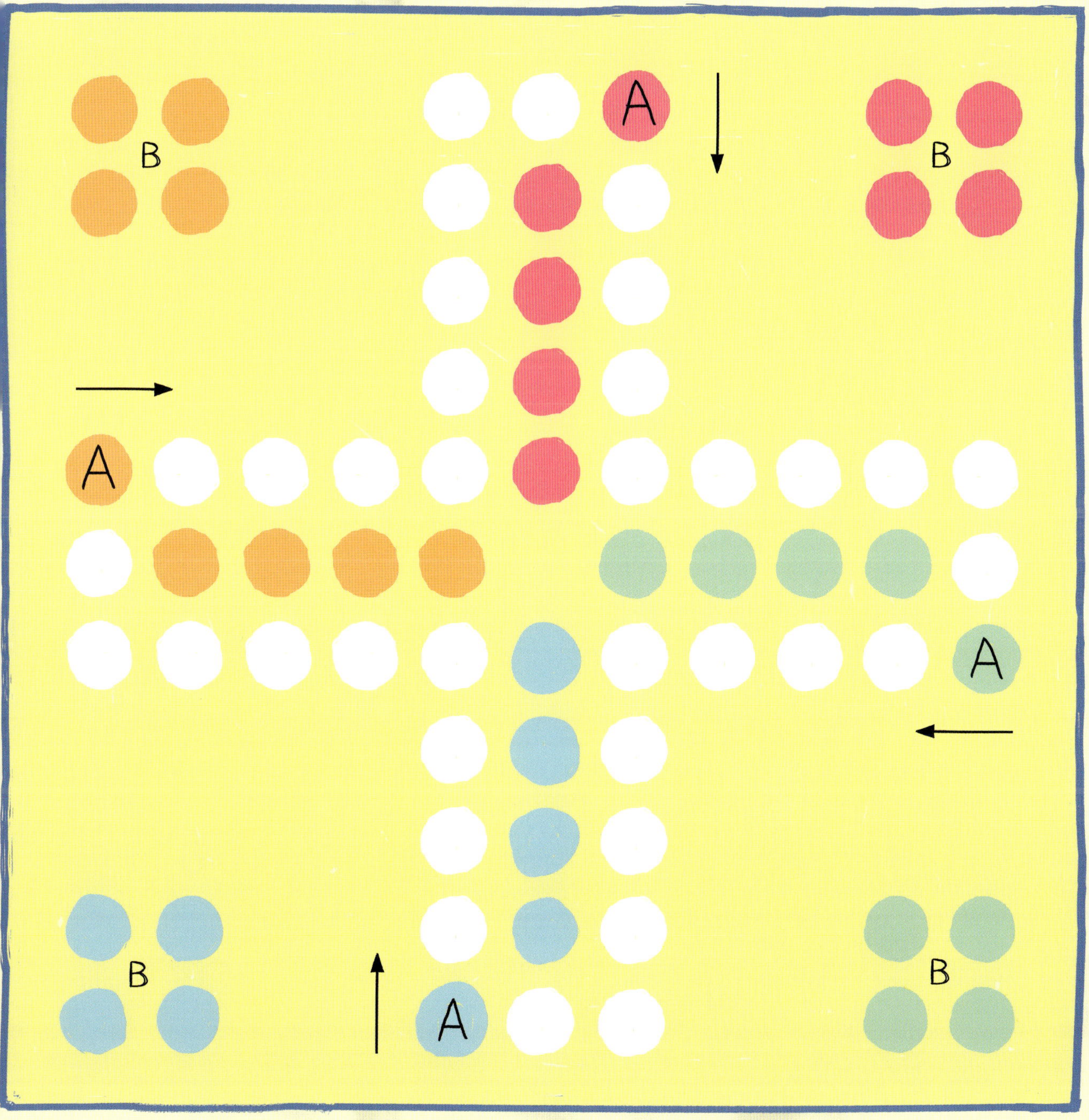

TOBI, ÄRGERE DICH NICHT! Bastelbogen

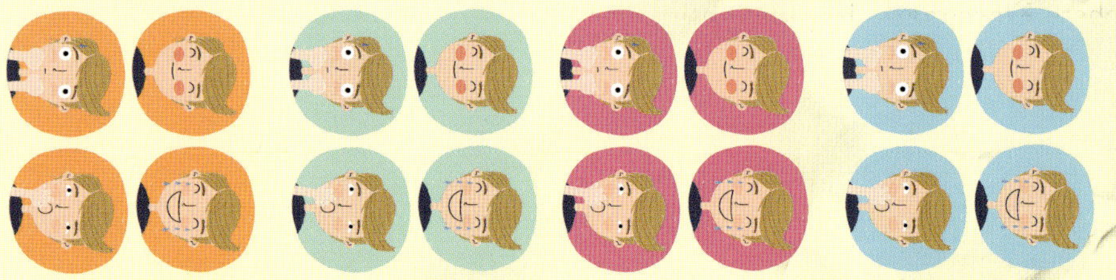

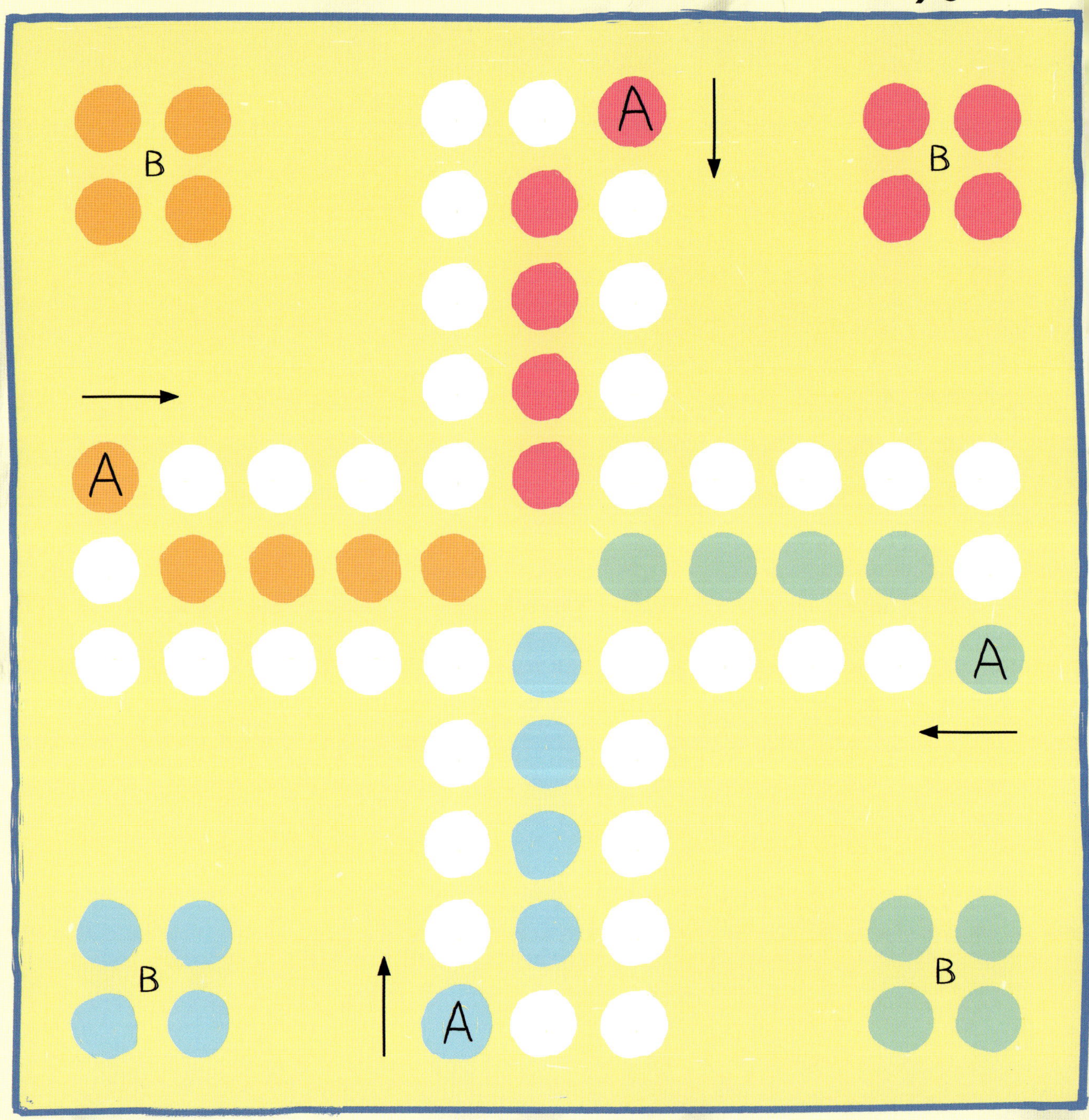

Checker Tobi

Der große Digital-Check: Smartphone, Internet, Social Media – Das check ich für euch!

112 Seiten, ISBN: 978-3-570-17856-0

Wie funktioniert eigentlich das Internet? Wie bekommt das Handy Netz? Und warum sehen auf Instagram immer alle Leute so perfekt aus? Ständig sind wir umgeben von Digitalem. Aber was wissen wir eigentlich darüber? Checker Tobi stellt die Checkerfragen, die Kinder interessieren. Er spricht mit Experten und lässt sich die Welt des Digitalen erklären. Mit vielen Fotos aus den Sendungen, Illustrationen und coolen Mitmach-Checks.
Die neue Kindersachbuchreihe um den beliebten TV-Star Checker Tobi

8423

cbj

www.cbj-verlag.de

Bei diesem Buch wurden die durch das verwendete Material und die Produktion entstandenen CO_2-Emissionen ausgeglichen, indem der cbj-Verlag ein Projekt zur Aufforstung in Brasilien unterstützt.
Weitere Informationen zu dem Projekt unter:
www.ClimatePartner.com/14044-1912-1001

MIX
Papier aus verantwortungsvollen Quellen
FSC® C106600

Penguin Random House
Verlagsgruppe FSC® N001967

Wir produzieren Klimaneutral
ClimatePartner.com/14044-1912-1001
Druckprodukt

1. Auflage 2021

Umschlaggestaltung und Layout: Kathrin Schüler
Umschlag- und Innenillustrationen: Carolin Flammang / megaherz
Umschlagfoto: Hans-Florian Hopfner / megaherz
Bildredaktion: Tanja Zielezniak
Text: Gregor Eisenbeiß
TP · Herstellung: AJ
Satz: Kathrin Schüler, Berlin
Reproduktion: Lorenz & Zeller, Inning a. A.
Druck: DZS Grafik d.o.o., Ljubljana
ISBN 978-3-570-17855-3
Printed in Slovenia

www.cbj-verlag.de

Dieses Buch ist auch als E-Book erhältlich.

Quellen- und Bildverzeichnis

Aus folgenden Checker Tobi-Folgen wurde Bildmaterial verwendet:
Lügen-Check, Lach-Check, Ekel-Check, Liebe- und Knutschen-Check, Leben- und Sterben-Check, Handicap-Check, Kampfsport-Check, Hexen-Check, Zauber-Check, Schwimmbad-Check, Kletter-Check, alle ©megaherz / Bayerischer Rundfunk

Illustrationen: Carolin Flammang / megaherz, Checker Tobi-Fotos: Hans-Florian Hopfner / megaherz

Alle weiteren Abbildungen: Adobe Stock: S. 86 li. (tony4urban), S. 86 re. u. (Vermicule design), S. 87 o. (Lensman300), S. 101 u. (Uryanikov Sergey); Bassermann Verlag: S. 52 o. ; imago images: S. 52 li. u. (Hollywood Photo Archive), S. 52 re. u. (Mary Evans); iStockphoto: S. 36 re. u. (coco194), S. 64 li. (Andrei Stanescu), S. 101 o. (skeat); Picture Alliance: S. 29 u. (imageBROKER/Norbert Michalke); Shutterstock: S. 5 li. (Inks_and_colors), S. 11 (mary981), S. 17 m. o. (Anatoliy Karlyuk), S. 17 m. li. (EvgeniiAnd), S. 17 m. re. (Eugene Partyzan), S. 17 li. u. (Twin Design), S. 17 re. u. (Backgroundy), S. 18 m. (Miriam artgraphy), S. 18 u. (Artram), S. 19 o. (Vitya_M), S. 27 (GoodStudio), S. 28 o. (Eugenio Marongiu), S. 28 li. u. (Giorgia Basso), S. 28 re. u. (Liv Oeian), S. 29 o. (chara_stagram), S. 30 o. (camilla$$), S. 35 (Eric Isselee), S. 36 li. u. (YANGYANG FANG), S. 36 re. m. (Robert Lessmann), S. 36 re. o. (Gengis90), S. 37 re., 38 re. o. (schankz), S. 38 li. o. (ChaiKetsiam), S. 39 o. (Elena Loginova), S. 40 u. (Kostafly), S. 53 u. (Africa Studio), S. 55 o. (nito), S. 55 u. (Roman Babakin), S. 56 (MNStudio), S. 60 m. (Stefanie Schubbert), S. 60 u. (Marco Montalti), S. 64 re. (Carlos Ivan Palacios), S. 67 u. (ViSnezh), S. 71 m. (Croisy), S. 72 o. (solar22), S. 74 o. (Jacob Lund), S. 76 (XH2), S. 86 re. o. (picoStudio), S. 88 u. (Beskova Ekaterina), S. 89 m. (Vinokurov Alexandr), S. 89 u. (Victoria Denisova), S. 90 u. (Jiri Hera), S. 91 (Matt Benoit), S. 94 li. (Everett Collection), S. 95 o. (stefan dzalev), S. 96/97 (Oleksii Sidorov), S. 100 m. u. (lena_nikolaeva); Wikimedia Commons: S. 17 o. (Momopuppycat: https://commonS. wikimedia. org/wiki/File:Paulekman_bio.jpg), S. 94 re. (Google Art Project: https://commonS. wikimedia. org/wiki/File:The_Kiss_-_Gustav_Klimt_-_Google_Cultural_Institute.jpg)